Annemarie Mütsch-Engel
Wohnen unter schrägem Dach

Annemarie Mütsch-Engel

# Wohnen
# unter schrägem Dach

Verlagsanstalt Alexander Koch

2. Auflage 1977

ISBN 3 87422 559 3

© 1975 by Verlagsanstalt Alexander Koch GmbH, Stuttgart.
Alle Rechte vorbehalten, insbesondere die des Abdrucks, der photomechanischen Wiedergabe und der Übersetzung in fremde Sprachen. Satz und Druck: Gulde, Tübingen. Buchbindearbeiten: Heinrich Koch, Tübingen. Umschlaggestaltung: Dieter Kärcher. Printed in Germany. Imprimé en Allemagne.

Bestellnummer: 559

# Inhalt

**Wohnen unter schrägem Dach** 7

**Ferienhaus mit Zisterne** 16
Arch. Bert Allemann und Hans Stünzi, Zürich

**Sommerhaus in Prien** 19
Arch. Thomas Herzog, Stuttgart, Rudi und Roswitha Then Bergh, München

**Sommerhaus in Norwegen** 22
Arch. Prof. Are Vesterlid, Hamar

**Atelierhaus** 26
Planung Peter von Hassel, Meldorf

**Nurdach-Hütte** 28
Arch. Bert Allemann, Zürich

**Sommerhaus mit Atrium** 30
Arch. Jan G. Digerud und Jon Lundberg, Oslo

**Ferienhaus in Rottland** 32
Arch. Josef, Margret und Klaus Küpper, Köln

**Casa Perbioi** 34
Arch. Dr. Frank Krayenbühl, Zürich

**Landhaus im Staat New York** 36
Arch. Norman Jaffe, New York

**Sommerhaus am Bodensee** 38
Arch. Prof. Paul Stohrer, Stuttgart

**Ferienhaus in Massachusetts** 40
Arch. Bernard A. Marson, New York

**Sommerhaus mit Sonnendeck** 42
Arch. McCue Boone Tomsick, San Franz.

**Ferienhaus am Steilhang** 46
Arch. Carl Fahr, Stuttgart

**See-Ranch in Kalifornien** 48
Arch. McCue Boone Tomsick, San Franz.

**Ferienhaus mit Blick zum Atlantik** 50
Arch. Bernard A. Marson, New York

**Trottenhof am Vierwaldstättersee** 52
Arch. Dr. Justus Dahinden, Zürich

**Landhaus im Westerwald** 55
Innenarch. Klaus Kaballo, Köln

**Cottage-Anbau** 56
Arch. Peter J. Aldington, Haddenham

**Chesa Veglia in Zuoz** 58
Arch. Schneider und Busenhart, Uster

**Landhaus in Viersen** 61
Arch. Heinz Döhmen, Mönchengladbach und Viersen

**Wohnhaus über Eck** 64
Arch. Hilmar Wiethüchter, Bad Oeynhausen

**Wohnhaus eines Gartenarchitekten** 66
Arch. Wolfgang Basiner, München

**Häusergruppe in Haddenham** 68
Arch. Peter J. Aldington, Haddenham

**Wohnhaus mit Atelierfenstern** 72
Arch. N. Foster, W. Foster und R. Rogers, London

**Japanisches Ferienhaus** 75
Arch. Shin Takasuga, Tokio

**Ferienhaus in der Schweiz** 78
Arch. Werner Küenzi, Bern

**Giebelhaus in München** 82
Arch. Ernst Fischer, München

**Wohnhaus in Friedrichshall** 84
Arch. Hans und Ursula Gerlach und Roland Meister, Stuttgart

**Nurdachhaus** 86
Arch. Peter Schmidt, Frankfurt

**Landhaus in Holland** 88
Arch. Hendriks, Campmann, Tennekes, Rotterdam und Nijmegen

**Japanisches Einfamilienhaus** 91
Arch. Kensuke Yoshida, Tokio

**Haus im Siebengebirge** 94
Arch. E. Schneider-Weßling, Köln

**Schindelverkleidetes Wohnhaus** 98
Arch. Norman Jaffe, New York

**Alterssitz** 102
Arch. Wolfgang Krenz, Athen und Oberollendorf-Königswinter

**Wohnhaus in Portugal** 104
Arch. Maria und Carmo da Silva, Dafundo, Portugal

**Villa in London** 108
Arch. Ted Levy, Benjamin und Partner, London

**Wohnhaus in Oferdingen** 112
Arch. Wilhelm Haug, Oferdingen bei Reutlingen

**Wohnhaus bei Reutlingen** 116
Arch. Wilfried Beck-Erlang, Stuttgart; Innenarch. Helga Griese, Stuttgart

**Haus Sonnenberg** 120
Arch. E. Gisel, Zürich

**Wohnraum im Dach**     **122**
Arch. Prof. Max Bächer, Stuttgart; Gartenarchitekt Hans Luz, Stuttgart

**Wohn- und Geschäftshaus**   **125**
**im Remstal**
Arch. Prof. Hans Kammerer und Prof. Walter Belz, Stuttgart

**Landhaus in Greifensee**     **128**
Arch. Dr. Justus Dahinden, Zürich

**Wohnhaus unter drei Dächern 130**
Arch. Hornbostel und Brocke, Hannover und Lehrte

**Reihenhäuser bei Leiden**     **132**
Arch. W. Snieder, H. Duyvendak und J. F. Bakker, Amsterdam

**SOS Kinderdorf Materborn**   **136**
Arch. Prof. Harald Deilmann, Münster; Ausführungsplanung Dr. Toni Hermanns, Kleve

**Wohnpark Sonnenberg**     **140**
Projektierung Dr. R. Wienands, Zürich; Realisierung Arch. M. Höhn

**Terrassenhaus in Visp**     **144**
Arch. André M. Studer, Zürich

**Wohnung über zwei Geschosse 146**
Planungsgruppe A. C. Walter, Frankfurt

**Mehrfamilienhaus in**     **148**
**Emmendingen**
Arch. Karl-Heinz Boch, Emmendingen

**Eigentumswohnungen in**   **151**
**München-Pasing**
Arch. Gottberg, Allers und Partner, München

**Wohnung mit Empore**     **154**
Arch. Hans-Michael Krämer, Stuttgart

**Maisonette-Wohnung**     **156**
Arch. Prof. Werner Luz, Stuttgart

**Dachgeschoßwohnung in**   **158**
**Lemgo**
Arch. Erhard Bauer, Fa. Planen + Bauen, Lemgo GmbH

**Dachgeschoßwohnung in**   **160**
**Schwabing**
Arch. Gottberg, Allers und Partner, München

**Wohnung im Dachstuhl**     **162**
Arch. Karl-Friedrich Gehse und Detlef Grüneke, Bochum und Dortmund

**Wohnhaus mit Floßrecht**     **166**
Arch. Hans Hofbauer, Landshut

# Wohnen unter schrägem Dach

Betritt man den Dachboden eines alten Hauses mit seiner eichenen Holzkonstruktion, so wundert es, daß früher die Schönheit eines solchen Raumes nicht beachtet wurde. Der Boden war nur Speicher und Abstellraum. Bestenfalls wurden Dachkammern mit möglichst wenig schrägen Deckenflächen ausgebaut. Die originelle Wirkung der geneigten Dachfläche wurde nicht als raumbildendes Gestaltungselement erkannt. Für uns ist der Dachboden jedoch ein Erlebnis: Beim Durchschreiten des Raumes verschieben sich perspektivisch die Pfosten und Balken und zeigen immer neue Raumbilder. Durch die Sparren ergibt sich ein Rhythmus der geneigten Flächen, der zu der großen, ruhig wirkenden Bodenfläche kontrastiert. Die Dachschrägen überdecken sowohl niedere als auch hohe Bereiche und bilden, zusammen mit den Dreiecken der Giebelwände, eine spannungsreiche Raumhülle.

Die Assoziation zum historischen Einraumhaus drängt sich auf. Dieses bestand aus vier Umfassungswänden und einem gleichseitigen Satteldach. Der äußeren Raumhülle entsprach der Innenraum, d. h. die Dachuntersicht war Teil des Raumes. Belichtet wurde er durch die Türöffnung und eine Rauchabzugsklappe in dem mit Stroh oder Schindeln gedeckten Dach. Der einzige Raum war sowohl Wohnung als auch Arbeitsstätte und manchmal auch Viehunterstand. In der Raummitte, unter der höchsten Stelle des Daches, versammelte sich die Familie zum Essen um die Feuerstelle. Als Privatbereich der Familienmitglieder dienten die Schlafbänke, die an den Längswänden, also im niedrigen Raumteil standen. Im Dachgebälk wurden Vorräte, teils liegend, teils hängend aufbewahrt. Größerer Raumbedarf erforderte mehrere Einraumhäuser oder „Hallen", die ein Gehöft bildeten.

Aus diesem Einraumhaus entwickelte sich neben den verschiedenen Bauernhaustypen auch das Bürgerhaus. Im Laufe der Zeit wurde – durch eine Zwischendecke – der Speicher, später noch Arbeits- oder Verkaufsräume abgetrennt. Es entstanden mehrere Stuben um eine Diele und die ehemals zentrale Feuerstelle wurde zur Küche. Außerdem, bedingt durch die Raumnot der Städte, sind schon früh mehrgeschossige Häuser errichtet worden, und das Dachgeschoß benötigte man schließlich nur noch als Speicher und Lagerraum.

Weiterhin stellte man an Wohnräume immer größere technische Forderungen. Das geneigte Dach mit seiner kleinteiligen Deckung war nicht absolut dicht gegen Flugschnee, Treibregen und Staub. Zudem heizte sich der ungedämmte Dachraum im Sommer schnell auf und kühlte im Winter ebenso schnell aus. Hinzu kam noch, daß die Dachkonstruktion nach Erfahrungen des Zimmermanns dimensioniert wurde und aus Sicherheitsgründen das Holzwerk so überdimensioniert verwendet wurde, daß eine größere Grundfläche, wie sie z. B. ein Wohnraum verlangt, meist nicht pfostenfrei bleiben konnte. Daher wurde das Dachgeschoß nur für untergeordnete Zwecke verwendet.

Im letzten Jahrhundert begannen Entwicklungen, die zur Wiederentdeckung des Wohnens unter schrägem Dach führten. Die Architekten entdeckten das bürgerliche Wohnhaus als Bauaufgabe und aus der bis dahin anonymen Architektur wurden individuelle Gebäude mit gestalterischem Anspruch.

Erfindungen und Entwicklungen neuer Materialien wie Stahl, Stahlbeton, Bitumen und Kunststoffe führten nicht nur zur Entwicklung des Flachdaches, sondern ermöglichten auch die einwandfreie Dämmung und Dichtung des geneigten Daches sowie neue Formen schräger Dächer (Abb. 1).

Die Statik als prüfender Nachweis zur Dimensionierung der Bauteile ermöglichte holzsparende Dachkonstruktionen.

Aus dem Bürgerhaus, das sowohl Gewerbe- oder Handelsbetrieb als auch die Großfamilie samt Gesinde beherbergte, wurde das Wohnhaus für die Kleinfamilie, das Dachgeschoß, früher Lager- und Vorratsraum, zum Trockenboden und Abstellraum. Mit der Wohnungsnot nach dem zweiten Weltkrieg wurde es als Wohnraum entdeckt.

Durch diese Entwicklungen wurde es möglich, sowohl im obersten Geschoß des Mehrfamilienhauses als auch im individuellen Einfamilienhaus das Dach als raumbildendes Element in den Wohnraum einzubeziehen.

Die Gestaltung des frei in der Landschaft stehenden Wohnhauses muß unter besonderer Berücksichtigung seiner natürlichen Umgebung erfolgen. Das Haus auf der Bergkuppe erfordert eine andere Gestaltung als z. B. das Haus am Waldrand.

Die Planung beginnt mit der Aufnahme dieser landschaftlichen Gegebenheiten und setzt sich in Untersuchungen über die Lebenserfordernisse ihrer Bewohner fort. Deutlich wird dies besonders bei Ferienhäusern, weil hier die Verbindung von Außen- und Innenraum besonders angestrebt wird. Die Aussicht, der Einfluß von Sonne, Wind und Regen müssen berücksichtigt werden, und zwar sowohl bei der Grundrißgestaltung als auch bei der plastischen Durchbildung des Gebäudes selbst.

**1** Wohnhaus in Japan. Architekten: Itami + Takada, Tokio

**2** Club Albarella. Blick in den Innenhof eines Ferienhauses. Architekt: André M. Studer, Zürich

**3** Ferienhaus. Architekt: Norman Jaffe, New York

Die negativen Witterungseinflüsse wie zu starker Sonneneinfall und Schlagregen werden durch große Dachüberstände vermieden. (S. 64/65 und S. 75–77).
Bei dem „Sommerhaus am Bodensee" (S. 38/39) liegt die Aussichtsseite zum See nach Norden. Deshalb ist das Dach in einem solchen Winkel geneigt, daß die Besonnung der Nordterrasse über das Dach hinweg möglich wird.
Das „Ferienhaus mit Sonnendeck" (S. 42–45) ist von Bäumen umgeben, welche die Aussicht zum Meer versperren. Darum wurde eine Aussichts- und Sonnenterrasse auf dem Dach errichtet.
Bei dem „Ferienhaus mit Zisterne" (S. 16–18) wurde vor Beginn der Planung ein fotografisches Vollpanorama aufgenommen und nach den interessantesten Aussichtspunkten die Lage der Fenster bestimmt.
In der japanischen Architektur war es schon immer üblich, im Wohnraum, genauer im Tokonoma-Raum, einige Fensteröffnungen so anzuordnen, daß besonders schöne Ausschnitte der Natur, sei es Landschaft, Garten oder auch nur Himmel, betrachtet werden können.
Die Forderung, vom Wohnraum aus die schönste Aussicht zu haben, steht gleichberechtigt neben der Forderung nach direktem Zugang zur Natur. Deshalb werden manchmal die Wohnräume ein halbes Geschoß über Terrain angehoben und so beide Wünsche erfüllt (S. 88–90).
Gerade bei freistehenden Gebäuden bedarf die äußere Erscheinung des Hauses in Form, Material und Farbe der Einpassung in die Landschaft. Es wird immer im Zusammenhang mit ihr gesehen, mehr noch, es wird zu ihrem Bestandteil. Der Gestaltungsspielraum reicht von der überzeugenden Dominante (S. 16–18) bis zur größtmöglichen Einpassung in die Umgebung: Die einzelnen Gebäude der Ferienhaussiedlung „Club Albarella" haben an der Fassade zur Straße Erdaufschüttungen, die ihre harmonische Fortsetzung in dem geneigten Dach finden. So ist jedes Haus ganz in die Dünenlandschaft der Insel Albarella im Po-Delta eingefügt. Der Baukörper mit dem auf zwei konzentrischen Kreisen basierenden Grundriß umschließt einen Innenhof, der nur den Bewohnern zugänglich ist, wie eine windgeschützte Dünenmulde wirkt und kaum Einsicht von außen gestattet. Damit folgt der Entwurf der Forderung, die entgegen der „Öffnung nach

**4** Modell zum „Wohnpark Sonnenberg".
Architekt: Dr. R. Wienands, Zürich (S. 140–143)

Außen" das „Zurückziehen ins Innere" ermöglicht (Abb. 2). Die Korrespondenz zwischen Gelände und Bauwerk wird besonders bei niedrigem oder fehlendem Bewuchs deutlich. Geneigte Dächer bieten die vielfältigsten Möglichkeiten, die Beziehung zwischen Terrain und Haus auszudrücken.

Das Haus mit Satteldach und Giebeln wirkt ausgeglichen und bietet in freier Landschaft einen vertrauten Anblick, da Bauernhöfe und landwirtschaftlich genutzte Gebäude auch heute noch fast ausschließlich in dieser Form errichtet werden.

Einhüftige Dächer und Pultdächer betonen eine Richtung und wirken wie dynamische Varianten zu Satteldächern. Besonders Pultdächer verdeutlichen die Beziehung zwischen Gelände und Bauwerk. Das zum Hang parallel geneigte Pultdach betont den Geländeverlauf und fügt sich in die Landschaft ein (Abb. 3). Das dem Hang entgegengesetzt geneigte Pultdach bremst den Geländeverlauf, so daß ein zweites Pultdach in Hangrichtung zur Einfügung des Baukörpers in die Landschaft oft ratsam ist. Die reizvolle Bewegtheit gegenläufiger Dachflächen gibt auch Gebäuden auf ebenem Gelände Lebendigkeit und eine kraftvolle Aussage. Deshalb werden solche Dächer auch dort verwendet, wo einer gleichförmigen Umgebung begegnet werden soll (Abb. 4).

Den richtungweisenden Dächern stehen die mehr statisch wirkenden gegenüber. Zu ihnen zählen die Walm- und Zeltdächer und die Nurdachhäuser. Diese betonen, durch eine Dachdeckung in dunkler Farbe unterstützt, den oberen Abschluß des Gebäudes. Sie wirken stabil und festgefügt, trotzen Sturm und Unwetter (S. 26/27). Die geometrische Form der Nurdachhäuser unterstreicht besonders diese Unverrückbarkeit des Bauwerks (S. 28/29 und S. 86/87). Eine Mischform zwischen Satteldach und Zeltdach ist die Haube, die auf einem Sockelgeschoß aufsitzt (S. 112–115 und S. 122–124).

Einerseits besteht die gestalterische Forderung nach landschaftsbezogener Einbindung des Gebäudes, andererseits muß ein Bauvorhaben innerhalb bebauter Gebiete die Haus- und Dachformen der Nachbarbebauung berücksichtigen (Abb. 5 und 6).

Die Genehmigung eines Hauses wird entweder nach einem gültigen Bebauungsplan, wenn ein solcher vorliegt, oder nach § 34 des Bundesbaugesetzes erteilt. Dieser Paragraph läßt das Bauvorhaben dann zu, wenn es nach der vorhandenen Bebauung und Erschließung unbedenklich ist. Daraus ergibt sich eine weitgehende Interpretation, die eine phantasievollere Architektur ermöglicht als es die differenzierten Festlegungen eines gültigen Bebauungsplanes für neu erschlossene Baugebiete zuläßt. Nach den Vorschriften des Bundesbaugesetzes und der Baunutzungsverordnung wird ein Bebauungsplan innerhalb der Planungshoheit der einzelnen Gemeinden erarbeitet und rechtsverbindlich verabschiedet. Er regelt die Art der Nutzung (z. B. Wochenendhausgebiet, reines Wohngebiet, Industriegebiet) und das Maß der Nutzung (die bebaubare Grund- und Geschoßfläche im Verhältnis zur Grundstücksgröße) sowie die Geschoßzahl. Weiterhin weist er öffentliche Gemeinschaftseinrichtungen wie Kinderspielplätze oder Stellplätze aus. Der Bebauungsplan regelt außerdem gestalterische Absichten, indem er zum Beispiel Dachform und -farbe, Trauf- und Sockelhöhe, Baufluchten und Grenzabstände vorschreibt.

Mit seinen mitunter sehr weitgehenden Festlegungen führt der Bebauungsplan leider oft zu einer gleichförmigen Gestaltung des Baugebietes. Er sollte jedoch lediglich als Ordnungsrahmen dienen, der das „Gemeinwohl" vor das „Allgemeinwohl" setzt. Deshalb können auch bei berechtigten Einwänden Ausnahmen und Befreiungen erwirkt werden (S. 146/149). Bei diesem Beispiel handelt es sich um ein Mehrfamilienhaus, das in dichtbebautem Gebiet liegt. Erwähnenswert ist, daß wie auch bei den Beispielen auf S. 146/147 und S. 156/157 die Hauptwohnungen mit Freiräumen (Dachterrasse und Balkon) im 3. oder 4. Obergeschoß liegen. Der sonst übliche Wohngarten wäre durch Verkehrslärm, Nachbareinblick und – bzw. oder – Beschattung durch umliegende Bebauung entwertet. So ist hier auf die Verbindung von Garten und Wohnraum verzichtet und statt dessen das geneigte Dach als originelles Raumgebilde in den Wohnraum mit einbezogen worden.

Eine neue, wichtige Aufgabe für Stadtplaner, Architekten und Bauherren ist die Sanierung alter Stadtteile (Flächensanierung) und Gebäude (Objektsanierung), deren Substanz noch erhaltenswert ist und strukturell verbessert werden kann. Die Sanierung ganzer Stadtteile wird nach dem Städtebauförderungsgesetz geregelt.

Die Einmaligkeit eines gewachsenen Stadtgebietes wird vorwiegend durch die Gestaltung seiner Häuser und Straßenzüge bestimmt; das vertraute Straßenbild bewirkt bei den Bewohnern des Quartiers das Gefühl, „zuhause" zu sein und führt letztlich zur Identifikation des Bürgers mit seinem Stadtteil. Eine durchdachte Sanierungsplanung beachtet diese grundsätzlichen Zusammenhänge und fördert zugleich die Ei-

**5 + 6** Terrassenhäuser „Vorderer Brühl". Architekten: E. Bosshardt und R. Steiner, Winterthur. Die radiale Ausrichtung der Hausreihen mit je 2 oder 4 Gruppen der Winkelhäuser gewährt eine gute Rundsicht und die lebendige Gestaltung der gemeinsamen Außenräume. Die geneigten Ziegeldächer übernehmen die Hangneigung und fügen sich ruhig ins Landschaftsbild ein.

**7 + 8** Tabakschuppen in Mannheim-Seckenheim. Holzkonstruktion der Schuppen als Fachwerk der künftigen Wohnbauten vorgeschlagen

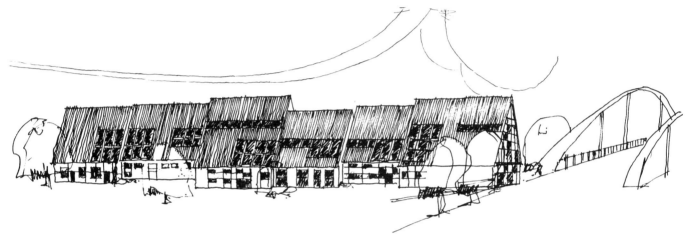

geninitiative der Bewohner (Beispiel Schnoor, Bremen).
Zur Erhaltung prägnanter Dachformen stellte das Stadtplanungsamt in Mannheim folgende Überlegungen an, die es an die Hauseigentümer weitergab: Die zum größten Teil nicht mehr verwendeten „Tabakschuppen" prägen mit ihren steilen Dächern das Bild des ehemaligen Dorfes und jetzigen Stadtteils Seckenheim. Die Holzkonstruktion der Schuppen könnte zum Fachwerk von Wohnbauten werden, wobei die Dachkörper Raum für etwa drei Geschosse bieten. Durch Dachflächenfenster, -ausschnitte und -terrassen wird die zusammenhängende Dachfläche aufgelockert und die darunterliegenden Wohnräume belichtet (Abb. 7 und 8).
Für den privaten Bauherrn kommt eine Sanierung dann infrage, wenn durch eine Verbesserung der technischen Ausstattung (z. B. Sanitärräume, Zentralheizung) und eine Änderung des Grundrisses eine zeitgemäße Wohnqualität sowie durch Austauschen beschädigter Bauteile (Fenster, Dach, Decken) eine Verbesserung des Baubestandes erreicht werden kann. Ebenso ist eine Sanierung im Falle der Nutzungsänderung gegeben. Wird aus Scheune oder Stall ein Ferienhaus (S. 32–35), aus einem teilweise landwirtschaftlich genutzten Gebäude ein reines Wohnhaus (S. 58–60) oder aus einem Speicher eine Wohnung (S. 158–161), so sind Maßnahmen zum Umbau und zur Sanierung unumgänglich.
Ein solches Vorhaben ist ebenso vielschichtig wie jedes andere Bauen auch. Neben gestalterischen Problemen stehen baurechtliche, technische und finanzielle Fragen, die im Zusammenhang gesehen und gelöst werden müssen. Deshalb muß sich der Hausbesitzer frühzeitig mit einem Architekten oder Innenarchitekten besprechen und eine genaue Untersuchung der Aus- und Umbaumöglichkeiten vornehmen lassen.
Auch der Dachgeschoßausbau ist ein genehmigungspflichtiges Bauvorhaben. Er darf nur unter Einhaltung der Bauvorschriften (Bundesbaugesetz, Landesbauordnung usw.) und nach Erteilung einer Baugenehmigung durchgeführt werden. Das heißt, der Architekt muß die Genehmigungsfähigkeit erst anhand des gültigen Bebauungsplanes nach „Art" und „Maß" der Nutzung überprüfen. Denn Art (einzelne Wohnräume oder ganze Wohnung) und Maß (Quadratmeter der Geschoßfläche) der Nutzung wird nach der Baunutzungsverordnung im Bebauungsplan festgelegt. Eine weitere Überprüfung zeigt, ob die Bestimmungen der Landesbauordnung – jedes Bundesland hat eine eigene – für den Einbau von ständig bewohnten Räumen (Aufenthaltsräumen im Sinne der LBO) im Dachgeschoß eingehalten werden können. Erst dann steht fest, ob – und wenn ja – wieviel des Dachraumes ausgebaut werden darf.
Danach erfolgt die Bauaufnahme. Eine technisch-konstruktive Untersuchung klärt, inwieweit die vorhandenen Bauteile den neuen Ansprüchen gerecht werden. Bei größeren Umbauten wird der planende Architekt einen Statiker zuziehen, denn für alle tragenden Bauteile, die geändert werden sollen, verlangt das Bauamt einen statischen Nachweis. Alte Baupläne des Hauses und die alte statische Berechnung erleichtern diese Untersuchungen.
Aus den vorhandenen Installationen des Gebäudes (Heizung, Sanitär, Elektro) ergeben sich Fixpunkte, die bei der Grundrißgestaltung berücksichtigt werden müssen, da sie nur begrenzt veränderbar sind. Das Treppenhaus muß, das ist in diesem Zusammenhang wichtig, gefahrlos begehbar sein, ebenso wie der

Dachausstieg für den Kaminfeger, der eventuell versetzt werden muß.
Nachdem Funktion und Gestaltung des Dachgeschosses festgelegt sind, erfolgt die Konstruktion der Details. Die Bauindustrie hat ein vielfältiges Angebot von Materialien, die sich für den Dachausbau eignen, wie: leichte Wandkonstruktionen aus Gasbeton und Gipsdielen, kombinierte Holztrennwände, Wärme- und Schalldämm-Materialien usw. Die Produktinformationen der Bauindustrie zeigen hier Lösungsmöglichkeiten in teils verwirrender Vielfalt. Eine sorgfältige Auswahl und Abstimmung der einzelnen Bauteile ist unbedingt notwendig; sie bildet die Voraussetzung für die spätere Funktionstüchtigkeit.
Ganz besondere Sorgfalt beim Dachgeschoßausbau erfordert die zuverlässige Lösung der Wärmedämm- und Dichtungsprobleme.
Das geneigte Dach ist ein zweischaliges Dach, das durch seine schuppenförmige Dachdeckung (1. Schale) aus Dachziegeln, Schindeln, Schiefer- oder Asbestzementplatten nur das Regenwasser ableiten kann, aber nicht absolut wasserdicht ist. Geringe Mengen von Regenwasser oder Flugschnee können vom Wind durch die Falzung und Überlappung des Deckungsmaterials in den Dachraum eindringen. Der Luftraum zwischen Dach und oberster Geschoßdecke (2. Schale) läßt ein schnelles Austrocknen zu und dient zugleich als Temperaturisolierung für das darunterliegende Geschoß. Wird der Dachraum zum Wohnraum, so muß dieses Konstruktionsprinzip wieder voll hergestellt sein.
Dicht wird das Dach durch eine wasserabführende Unterspannbahn aus Kunststoff, die unter der Dachdeckung verlegt wird. Der dadurch gebildete Zwischenraum muß oben und unten entlüftbar an die Außenluft angeschlossen sein. Der ehemals große „stehende" Luftraum des Dachgeschosses wird so auf eine Luftschicht reduziert, die mindestens 5 cm betragen muß. Damit geht seine Wärmedämmfähigkeit verloren: es muß eine neue Wärmedämmschicht eingezogen werden. Diese verstärkt man wesentlich in ihrer Wirkung und paßt sie den ganzjährigen Temperatureinflüssen optimal an. Hier bietet sich eine ganze Palette von Dämmplatten und -matten an, die nach den speziellen Erfordernissen gute Lösungen zulassen. Die weitere Verkleidung der Dachuntersicht durch Holzschalung, Gipskartonplatten und Tapeten oder Putzträger mit Putz wird entsprechend den gestalterischen Absichten vorgenommen. Bei allen Verkleidungen ist zu beachten, daß das ständige Arbeiten des Holzes der Dachkonstruktion nicht zu Beschädigungen in der Verkleidung führt (Putzrisse).

Dachflächenfenster sind ideale Öffnungen für die Belichtung und Belüftung von Wohnräumen unter dem Dach. Sie haben mehrere Vorteile: Gute Belichtung des Raumes, leichte Bedienbarkeit durch Schwingflügelbeschlag, guter Luftaustausch. Das Dachflächenfenster mit Eindeckrahmen, Isolierverglasung, Arretierung und sonstigen Beschlägen ist ein ausgereiftes Fertigelement; es kann problemlos auch nachträglich in die Dachfläche eingebaut werden.
Bei älteren Häusern findet man oft Dachgauben mit Drehflügelfenstern. Dies war vor Entwicklung des Dachflächenfensters die einzige Möglichkeit, den Dachraum wohnmäßig zu belichten. Heute sind Dachgauben – baurechtliche Bestimmungen lassen die nachträgliche Errichtung von Dachgauben nur selten zu – nur noch vereinzelt zu sehen. Die Dachgaube war immer schon mehr ein Gestaltungselement der äußeren Dachflächengliederung als ein Gestaltungselement des dahinterliegenden Wohnraumes.
Der Dachausschnitt für eine Terrasse erfreut sich immer größerer Beliebtheit. Der dadurch gewonnene Freiraum vor dem Eß- oder Wohnraum erhöht die Qualität der Wohnung im Dachgeschoß. Eine solche Dachterrasse ist durch ihre Höhenlage weitgehend geschützt vor Straßenstaub und -lärm und bewahrt vor Einblick aus der Nachbarschaft. Durch großzügige Verglasungen wird zudem

**9** Wohnraum Isabel-Roberts-Haus. Architekt: Frank Lloyd Wright

der anschließende Raum optimal belichtet (S. 58–60). Moderne Dämm- und Dichtungsstoffe ermöglichen einen einwandfreien Fußbodenaufbau, der auch die unter der Dachterrasse liegenden Wohnräume ausreichend schützt.
Hier, wie bei allen anderen Änderungen, die die äußere Gestalt des Hauses betreffen, ist zu überprüfen, inwieweit eine gesamte Renovierung von Fassade und Dach parallel zum Dachgeschoßausbau geplant werden sollte.
Der Fußboden im Dachgeschoß älterer Häuser besteht meist aus einer Dielung auf einer Holzbalkendecke mit zwischenliegender Lehmschlag-, Sand- oder Schlackenfüllung. Hier ist der einwandfreie statische Nachweis über die Tragfähigkeit ausschlaggebend für die Wahl des aufzubringenden neuen Fußbodenbelags. Eine bewährte und zuverlässige Konstruktion, die zugleich schnell, sauber, preiswert und leicht auszuführen ist, sieht vor: 22 mm dicke, wasserfest verleimte Spanplatten mit Nut und Feder werden auf Trittschall-Dämmatten aufgelegt und durch spezielle Schraubnägel mit den Holzbalken quietschfrei verbunden. Diese Unterkonstruktion trägt etwa 3–4 cm auf, überbrückt kleinere Unebenheiten und gewährleistet einen ausreichenden Trittschallschutz. Auf den Spanplatten kann Linoleum, PVC oder textiler Bodenbelag verlegt werden. In Bädern empfiehlt es sich, auf die Spanplatten eine bituminöse Schweißbahn zur Feuchtigkeitsisolierung aufzubringen, die an den Wänden ca. 10 cm hochgeführt wird (Wannenbildung). Darauf kann im Dünnbettverfahren jede Fliesenart verlegt werden. Der Fußboden im Bad ist damit höher als der in den übrigen

**10** Blick auf Landshut

Räumen; es ergibt sich eine Stolperstufe. Deshalb ist zu prüfen, ob es möglich ist, im Bereich des Bades die alte Dielung zu entfernen und die Spanplatten direkt auf die Holzbalken zu schrauben. Damit wäre die Höhendifferenz nahezu ausgeglichen. Besteht der Fußboden aus einer Stahlbetondecke, so empfiehlt sich das Aufbringen eines schwimmenden Estrichs, sofern lastmäßig keine Bedenken bestehen und der Transport des nassen Estrichs über Aufzug oder Pumpe ins Dachgeschoß gewährleistet ist. Auf dem Estrich können alle gängigen Bodenbeläge verlegt werden.

Ein Parkettbelag läßt sich sowohl auf einer Holzbalken- als auch auf einer Stahlbetondecke verlegen. Die entsprechende Unterkonstruktion (Rahmenhölzer auf Dämmstreifen) kann der vorhandenen Deckenkonstruktion genau angepaßt werden.

Die bei einem nachträglichen Dachgeschoßausbau notwendige Grundrißkonstruktion erfordert neue Wände. In der Regel tragen diese Wände nur ihr Eigengewicht – es sind nichttragende Wände ohne statische Funktion. Sie dienen jedoch nicht nur der Trennung einzelner Räume, sondern haben noch andere Forderungen zu erfüllen: Schalldämmung, Wärmedämmung, Feuerschutz. Sie müssen sowohl in Trockenbauweise (Gasbeton, Gipsdielen, kombinierte Holztrennwände) als auch in Naßbauweise (mit Mörtel und Putz) leicht zu verarbeiten sein. Die Bauindustrie stellt unterschiedliche Wandkonstruktionen her, die diesen Anforderungen mehr oder weniger gut entsprechen. Die richtige Auswahl für den Einzelfall kann nur der Fachmann treffen. Er sieht nicht nur die in der Werbung dargestellte „Problemlosigkeit" und „Preisgünstigkeit", sondern sämtliche Kriterien, angefangen vom Transport durch das Haus mit der Verschmutzungs- und Beschädigungsgefahr für das Treppenhaus, bis hin zu den tatsächlichen Kosten mit allen Vor- und Nebenarbeiten.

Die angeschnittenen rechtlichen und technischen Probleme verdeutlichen den Fragenkomplex, der im Zusammenhang mit der Gestaltung ansteht und sie beeinflußt und einschränkt. Weitere Einschränkungen sind, wie bei anderen Wohnbauten auch, die Lage zur Himmelsrichtung, zur Aussicht und zu verkehrsreichen Straßen, und im Einzelfall muß entschieden werden, welcher Kompromiß erforderlich wird.

Früher wurden der Fassade, oder besser: der Außengestalt des Hauses, die meisten Überlegungen gewidmet. (Die Alltagsarchitektur begnügte sich noch bis weit in dieses Jahrhundert hinein mit historisierender Fassadengestaltung unter Außerachtlassung der Innen-Raumgestaltung.) Doch endgültig mit der neuen Sachlichkeit wurde der funktionsgerechte Grundriß vorrangig. Das führte zu der Forderung, die Wohngebäude nunmehr von Innen nach Außen zu planen.

Schon der Architekt Frank Lloyd Wright bereicherte den funktionsgerechten Grundriß um die dynamische Aussagekraft des dreidimensional gegliederten Raums mit schräger Dachuntersicht: Sein Isabel-Roberts-Haus (1907) hat im Mittelbereich seiner beiden Windmühlenflügeln ähnelnden Baukörper einen Wohnraum über zwei Geschosse mit Galerie und sichtbar belassener Dachdecke. Auf der unteren Ebene ist eine Sitzgruppe vor dem offenen Kamin, auf der Galerie liegen verschiedene Wohnbereiche (Abb. 9).

Dieser Trend, dem Wohnraum mehrere und teilweise gleichzeitige Nutzungsfunktionen zuzuweisen, verstärkte sich in der Folgezeit. Das ehemals repräsentative Wohnzimmer, die „Gute Stube", wurde zum Lebensraum der Familie. Es gibt hier öffentliche Bereiche als Treffpunkt für die ganze Familie (wie Sitz- und Eßplatz) sowie halböffentliche Bereiche (wie Schreib- und Leseplatz), die leicht abgetrennt oder abtrennbar sind und dennoch eine Sicht- oder Hörverbindung zum Allgemeinbereich haben.

Wird ein zwangloses Wohnen angestrebt – wie z. B. in Ferienhäusern – so ist oft eine dem Einraumhaus ähnliche Einbeziehung aller Bereiche in den Wohnraum zu finden, abgesehen von der Sanitäreinheit (S. 40/41).

Ein Mehrfunktionenraum ermöglicht und erfordert eine andere Gestaltung als das herkömmliche Wohnzimmer: In erster Linie die optische Gliederung durch Nischen, Trenn-, Schiebe- oder Schrankelemente. Eine weitere Gliederung ist die Höhenstaffelung des Bodens einschließlich Treppen, Podesten und großflächigen Galerien; das Galeriegeländer trägt hier zur optischen Gliederung bei. Es wird nicht mehr nur als Stabgeländer oder mit Füllungen aus vielerlei Materialien errichtet: es wird zu einem Element der Raumgestaltung. Bücher- oder Blumentröge, Sitzbänke oder gar Heizkörper bilden den sicheren Abschluß zum tieferliegenden Wohnbereich (S. 52–54 und S. 154/155).

Das Wohnen auf mehreren Ebenen schafft Dynamik. Die zwar nicht eigentlich vorhandene, doch anklingende Bewegtheit wird durch das geneigte Dach noch gesteigert. Die „schiefe Ebene" der Dachuntersicht zeigt eine Richtung an und steht dadurch in einem spannungsreichen Kontrast zur statischen Ruhe des waagerechten Bodens und der senkrechten Wände.

Selbst wenn die Wohnung mehrere Funktionen hat – sei es als Haus oder als Teil eines Hauses –, so bleibt, wie Redensarten zeigen, ihre wichtigste, das vor der Umwelt schützende Gehäuse zu sein: my home is my castle; erstmal ein Dach über dem Kopf haben; alles unter Dach und Fach bringen; ein Obdach haben. Diese vor Gefahren sichernde Hülle, eine bergende „Höhle" zu sein, erfüllt die Wohnung unter geneigtem Dach in besonderer Weise, da ihr Raumeindruck dem einer Höhle ähnelt.

Die Verkleidung der Dachuntersicht und verschiedenartige Einbauten unterstreichen die Raumbildung: Am Fußpunkt des Daches, also vor dem Drempel, können Sitz- und Liegemöbel und Kastenmöbel wie Bücherregale und Kleiderschränke eingeplant werden (S. 86/87). Indirekte Beleuchtung unter der Dachschräge gibt dem Raum einen intimen Charakter und läßt die Dachfläche leicht erscheinen (S. 122–124). Die verbretterte oder verschindelte Dachschräge macht die Dachuntersicht als oberen Raumabschluß deutlich. Selbst bei immaterieller – also weißer – Deckenverkleidung bleibt bei sichtbaren Fugen oder Sparren die schützende Decke erkennbar (S. 94–97).

Dieser gefühlsbetonten Vorstellung der Wohnung entsprechen auch Abblend- bzw. Vorhanglösungen, die neben ihrer Funktion als Sonnen- und Lichtschutz auch die Aufgabe haben, Einblicke zu verhindern und – vor allem nachts, wenn die Fenster wie schwarze Löcher in der Wand wirken – die Umwelt auszusperren. Sichtblenden für schrägliegende Dachflächenfenster benötigen eine spezielle Führung. Waagerechte Jalousien und Raff- oder Springrollos mit zweiseitiger Führung werden von einigen Herstellern von Dachflächenfenstern mit angeboten. Führungsschienen über und unter dem Fenster sind erforderlich zur Anbringung von Spanngardinen, Vertikaljalousien und bei Schiebefeldern, die mit Stoff, Tapete oder Holz verkleidet sind, tagsüber neben und abends vor den Fenstern liegen.

Problematisch ist die bewegliche „Dekoration" des Giebelfensters mit oberem Schrägabschluß. Der Vorhang sollte Steckfalten, also fixierte Falten haben und durch Schnurzug nach oben gezogen und festgestellt werden können. Neben Gardinen bieten sich hier vor allem Vertikaljalousien ohne untere Führung an. Die serienmäßig hergestellten Dekorationen haben etwa 12 cm breite Lamellen, die um 180 Grad, also immer entsprechend dem Lichteinfall gedreht werden können.

Einfacher ist es, das Giebelfeld des Fensters freizulassen und Sichtblenden erst mit dem waagerechten Kämpfer beginnen zu lassen (S. 82/83). Der Giebel ist ohnedies meist durch einen Dachüberstand beschattet, so daß sich eine „Dekoration" oft ganz erübrigt.

Das Wohnhaus mit geneigtem Dach ist uns vertraut. Jahrhundertelang gab es nur Häuser mit geneigten Dächern und auch heute werden noch viele Stadt- und Dorfbilder durch die Formen geneigter Dächer geprägt (Abb. 10). Kinder malen ihre Häuser mit Satteldächern oder einfach nur als Giebelfassade; wird in der Werbung mit einfachen Mitteln ein Wohnhaus dargestellt, so ist es stets ein Haus mit Satteldach.

Wohnen unter dem Dach ist außergewöhnlich – denn nicht jeder wohnt so romantisch: Spitzwegs Poet und die Bohemiens von Paris hausen in diesem „räumlichen Segel auf dem Meer der Häuser".

Die Wohnung unter schrägem Dach ermöglicht eine ausgeprägte Identifikation des Bewohners mit seiner Behausung, fördert eine individuelle, eigenwillige Lebensform. Sie läßt sich, wie die Beispiele dieses Buches zeigen, form- und abwechslungsreich gestalten.

A. Mütsch-Engel

## Ferienhaus mit Zisterne

Architekten: Bert Allemann und
Hans Stünzi im Büro: Glaus, Allemann
und Partner, Zürich

1 Das Ferienhaus steht auf einer Nordhang-Kuppe zwischen Engelberg und Untertrübsee
2 Kaminplatz mit Treppe zum Obergeschoß. Die Fenster rechts sehen auf die Terrasse mit der Zisterne
3 Eßplatz mit Ausblick ins Tal
4 Küche
5 Blick vom Eßplatz zum Kaminplatz

Auf einem niedrigen Sockelgeschoß ist eine reine Holzkonstruktion errichtet, eine Weiterentwicklung des bekannten Nurdach-Hauses zum Winkelfirstdach-Haus. Die Konstruktion des Zangendaches ist denkbar einfach: Konsequent werden die Zangen und Sparren überall durchgeführt, auch dort, wo die Dachhaut aus Gründen der Besonnung und des Ausblicks weggelassen wurde. Die knappe äußere Form gestattet den Verzicht auf Vorrichtungen zur Ableitung des Regenwassers: es läuft über die Dachhaut und den Betonsockel hinunter. Nur im inneren Winkel des Daches wird es von einer Zisterne aufgefangen. Dieses Bassin ist das Zentrum der äußeren Wohnzone.

Die Gefahr einer Beengung durch die knappen Ausmaße des Hauses wird durch Räume behoben, die teilweise über anderthalb Geschosse gehen. Die Betonung dieser vertikalen Nutzung wird noch durch die Anordnung der plastisch sorgfältig durchgebildeten Treppen- und Kaminanlage im Kern der inneren Wohnzone unterstützt.

Die Lage der Fenster und Ausblicksöffnungen wurde nach einem hierzu gefertigten fotografischen Vollpanorama festgelegt. So orientiert sich jeder Raum nach Sonne, Wind und Aussicht.

1:200

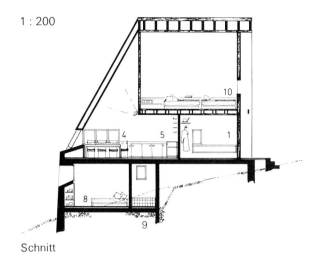

Schnitt

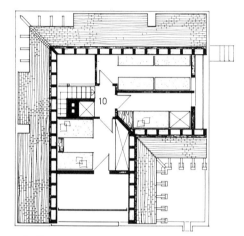

Obergeschoß

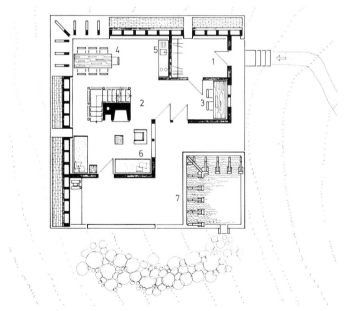

Erdgeschoß

1 Eingang
2 Wohnen
3 Arbeitsplatz
4 Essen
5 Kochen
6 Sitzplatz
7 ged. Sitzplatz
8 Eltern
9 Dusche/WC
10 Kinder, Gäste

3

4     5

17

Das kleine Haus ordnet sich der Berglandschaft ein, es wurde sozusagen zu einem kleinen Felsdossen. Erreicht ist dies durch die vom Tal aus zurückweichende Dachform und die hier verwendeten Materialien: Sichtbeton und Eternitschiefer, dunkelbraun und grau gemischt.

**6** Terrasse mit Zisterne vor dem Kaminplatz gelegen und Eingangstür
**7** Im Untergeschoß, dem Sichtbetonsockelgeschoß, liegen Elternschlafraum, Bad und Kellerräume
**8** Das Ferienhaus mit seinen durchgehenden Sparren

## Sommerhaus in Prien

Architekten: Thomas Herzog, Stuttgart,
Rudi und Roswitha Then Bergh, München

Ein Grundstück im Überschwemmungsgebiet des Chiemsees mit einem Baugrund von geringer Tragfähigkeit und als Auflage der Behörde ein Ziegeldach mit 18° Neigung waren Erschwernisse bei der Planung. Außerdem wünschte der Bauherr einen flexiblen Grundriß. Innerhalb des Hauses ist nur die Naßzelle und die Küchenzeile fest installiert. Die geschlossenen Zellen, für individuelle Nutzung als Schlaf- und Arbeitszimmer bestimmt, haben versetzbare Trennwände und eine Schrankwand mit austauschbaren Elementen. Bis unter das mächtige Dach reicht der gemeinsame Wohnraum. Er ist mit roten Polstermöbeln und einem Schreibplatz variabel möbliert. Zu dem hellgrauen Teppich und den Schrankwänden aus weißem Kunststoff setzen die Polstermöbel und die rotgestrichenen Stahlkonvektoren farbliche Akzente. Die Wände des Naßraumkerns sind mit dunkelblauem Glasmosaik verkleidet. Holzstäbchenrollos dienen als Sonnenschutz. Vor dem Eßplatz liegt eine Sonnenterrasse. Sie kann durch Springrollos an drei Seiten gegen Sonne und Einblick geschützt werden. Das leichte raumbildende Gerüst des Hauses erhielt entweder zweischalige Riegelwände mit beidseitiger Fichtenschalung und Glaswolleinlage oder Isolier-

**1** Da das Gelände im Überschwemmungsgebiet liegt, erfolgte die Gründung auf runden Betoneinzelfundamenten auf schwimmendem Trägerrost

Durch die Holzstäbchenrollos im Wohnraum und die Kunststoffrollos der Sonnenterrasse ergeben sich verschiedene Möglichkeiten, das Gebäude zur Landschaft hin zu öffnen oder abzuschirmen.

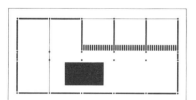
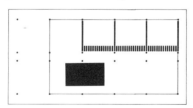
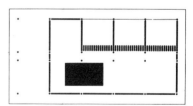
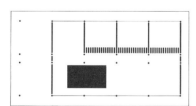
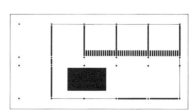
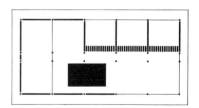
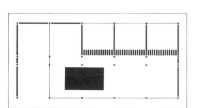
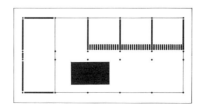
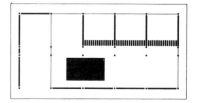

verglasungen, die zum Teil als Schiebetüren ausgebildet sind. Die tragenden Hölzer sind schwarz, die ausfachenden Hölzer naturfarben imprägniert.

**2** Sonnenterrasse
**3** Gemeinsamer Wohnraum
**4** Detail Dachtragwerk
**5** Klappfenster vor den Schlafzimmern
**6** Eßplatz neben der Küche
**7** Holzstäbchenrollos als Sonnenschutz

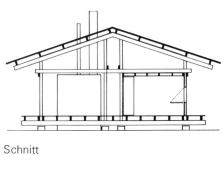

Schnitt

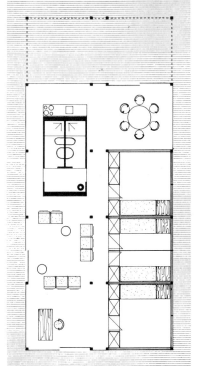

Grundriß 1 : 200

4

5

6

7

# Sommerhaus in Norwegen

Architekt: Prof. Are Vesterlid,
im Büro Arkitim, Hamar

1

2

3

4

Holz, grobes Bruchsteinmauerwerk und das grasbewachsene Dach machen dieses norwegische Sommerhaus zu einem Teil der Natur. Die tragende Holzkonstruktion wurde auf der Nord- und Ostseite, wo wenig Fenster sind, mit Bruchsteinmauerwerk, auf der Süd- und Westseite dagegen mit Holz ausgefacht. Größe, Lage und Form der vielen Fenster sind entsprechend den menschlichen Körperfunktionen Stehen, Sitzen und Liegen entworfen. So kann man vom Wohnraum aus immer hinausschauen. Die Schlafräume dagegen erhielten nur kleine Fenster.

Bis auf den Kaminblock, der auch die Heizung aufgenommen hat, ist der gesamte Innenausbau aus Holz. Möbel und Einbauten, auch die Küche, wurden vom Architekten mitentworfen, – so bildet dieses Giebelhaus mit seinem flachgeneigten Satteldach eine gestalterische Einheit.

**1** Ostseite mit Schlafzimmerfenstern
**2** Südansicht des Sommerhauses
**3 + 4** Details des Daches. Die imprägnierten Rundhölzer halten den Dachbelag aus Kies und grasbewachsenem Torfmull
**5** Westseite mit Eingang und Terrasse, die Bruchsteinmauer hält die nordöstlichen Winde und Schneestürme ab
**6** Blick vom Kamin zur Westseite

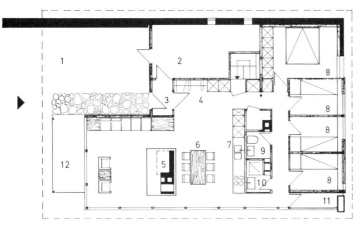

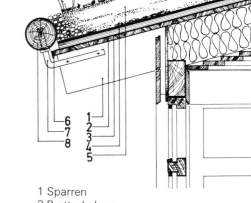

Grundriß 1 : 200
1 Wagenabstellplatz
2 Lagerraum
3 Windfang
4 Garderobe
5 Kamin
6 Essen
7 Kochen
8 Schlafen
9 WC
10 Dusche
11 Balkon
12 Terrasse

1 Sparren
2 Brettschalung
3 Sperrpappe
4 Welleternit
5 2 Lagen Torf mit Kiesfilter
6 Kupferblech
7 Kupferrohrbeschlag
8 Rundholz Ø 15–17 cm

**7** Die Küche wurde, wie die anderen Möbeleinbauten auch, in Sonderanfertigung nach dem Architektenentwurf angefertigt
**8** Eßplatz zwischen Kamin und Kochzeile
**9** Innenansicht der Südseite mit Fenstern und Nut- und Federverbretterung
**10** Kaminblock mit offener Feuerstelle und dem nicht verkleideten Warmluftheizer
**11** Sitzplatz im Wohnraum, ganz rechts die Windfangtür

10
11

1

## Atelierhaus

Planung: Peter von Hassel, Meldorf

Das originell geformte Dach bildet eine Feste gegen Sturm und Regen, gegen das rauhe Seeklima. An der höchsten Stelle wird es von dem mächtigen Kamin durchbrochen, der durch eine dunkelgraue Dachdeckung bis zu seiner vollen Höhe geschützt ist. Die schwarzgebeizten Holzfenster sind feststehend, damit kein Zug entstehen kann. Belüftet wird dieses Einraumhaus durch zwei Klappen im unteren Bereich des Daches und entlüftet durch eine mit Seilzug regulierbare Klappe am höchsten Punkt des Daches. Beheizt wird es mit einem Industrieofen, der durch eine Ölfernleitung vom Haupthaus aus gespeist wird. Der große Kamin wirkt dabei als Wärmespeicher. Dieses Heizungs- und Lüftungssystem ist preiswert und hat sich nach Aussage der Bewohner ausgezeichnet bewährt.

Die Materialien sind einfach: Der schwimmende Estrich erhielt keinen Belag sondern wurde nur mit einem Speziallack hellgrau gestrichen; dazu korrespondieren die weißen Schaumstoffplatten mit Folienbeschichtung, die als Deckenverkleidung dienen. Die zweischalige Wand, außen aus Fehlbrandziegeln, ist innen aus weißgeschlämmtem Kalksandstein, und so ergibt sich in dem Atelier trotz seiner relativ kleinen Grundfläche ein großzügiger Raum zu vielfältiger Nutzung.

1:200

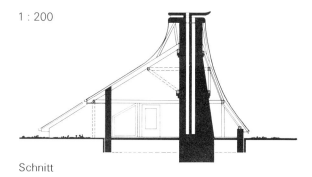

Schnitt

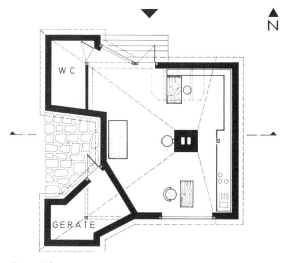

Grundriß

**1** Eingang und Dachflächenfenster an der Nordseite
**2** Tür zum Geräteraum und Gartenterrasse an der Westseite
**3** Das Atelierhaus vereint die Funktion von Gartenhaus und Arbeitsraum und kann mit seiner ausgezeichneten Akustik auch als Musikstudio dienen
**4** An dem mächtigen Kamin ist die Dachkonstruktion verankert

# Nurdach-Hütte

Architekt: Bert Allemann, im Büro Glaus, Allemann und Partner, Zürich

An einem bewaldeten Hang des Rufiberges steht diese Nurdach-Hütte mit Kreuzgiebel. Drei der Giebel dienen der Aussicht ins Tal, der vierte, bergseitig gelegene, dem Eingang.
Der Bauherr wünschte kein Haus, sondern eine Berghütte mit einem Vielzweckraum als Koch-, Eß- und Wohnraum, zwei Schlafzimmern und Unterbringungsmöglichkeiten für die Gäste. So entstand dieses Ferienhaus mit drei Ebenen: Im Erdgeschoß liegt der Wohnraum mit vorgelagerter Terrasse, bergseitig ein WC und zwei Kellerräume; Im Obergeschoß befinden sich die beiden Schlafräume mit Dusche, der Eingang von der Bergseite her und eine offene Galerie; Über dem Kinderzimmer, im Spitzboden, liegt ein Schlafplatz für Gäste. Weitere Gästeschlafplätze können auf der Galerie und in der Kaminecke geschaffen werden.
Das Raumprogramm ist aufs knappste Volumen beschränkt. Das Haus bietet jedoch Erweiterungsmöglichkeiten zur Bergseite hin.

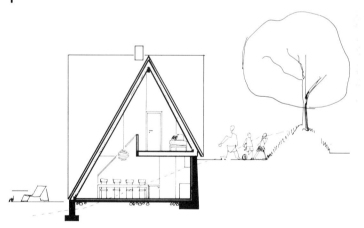

Schnitt vordere Zone    1 : 200    Schnitt rückwärtige Zone

Erdgeschoß

1 Eingang
2 Galerie
3 Eltern
4 Kinder
5 Wohnen
6 Kaminecke
7 Essen
8 Kochecke
9 Keller

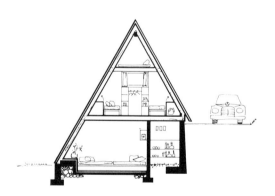

Obergeschoß

2

**1** Mit einem großen Schiebetor wird die Terrassentür des Wohnraums gegen Einbruch gesichert
**2** Wohnraum mit Kaminecke und Treppe zum Obergeschoß
**3** Blick auf die Holzkonstruktion der Nurdach-Hütte
**4** Terrasse vor dem Wohnraum im Erdgeschoß. Der Haupteingang liegt im Obergeschoß an der Bergseite

3

4

# Sommerhaus mit Atrium

Architekten: Jan G. Digerud und
Jon Lundberg, Oslo

Zum Schutz gegen die Witterung reicht das Dach an drei Seiten fast bis auf den verwitterten Fels, nur im Süden, über der Terrasse, ist es ausgespart. Zum Innern des Hauses hin verlängert sich die Terrasse zu einem überdeckten Innenplatz mit verglastem Oberlicht. Um dieses Atrium gruppieren sich die Aufenthaltsräume: Küche mit Eßplatz, Wohnraum mit offenem Kamin, ein separater Wohn-Schlafraum für die Großeltern und mehrere kleine Schlafkojen. Die Wohnräume erhalten Tageslicht durch Glastüren und schräge Verglasungen über den Türen vom Atrium aus. Das winterfest isolierte Ferienhaus ist bis auf Kamin und Fundamente ganz aus Holz; es wurde bezeichnenderweise von einem Möbelschreiner errichtet.

1  2

**1** Blick von der Terrasse ins Atrium und in die Küche
**2** Ist das Haus unbewohnt, so sind die mächtigen Tore zwischen Atrium und Terrasse geschlossen
**3** Ansicht vom Tal
**4** Verglasungsdetail zwischen Wohnraum und Atrium
**5** Blick zum Wohnraum mit Kamin und in eine der Schlafkojen

1 : 200

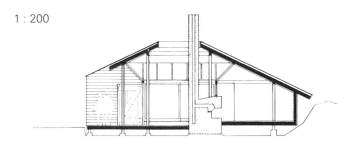

Schnitt B–B

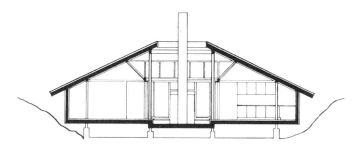

Schnitt A–A

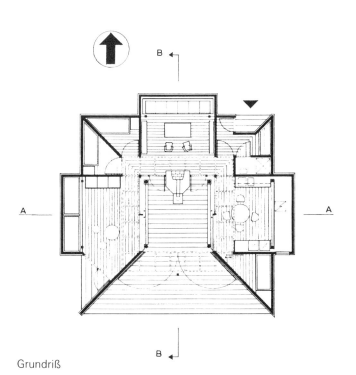

Grundriß

## Ferienhaus in Rottland

Architekten: Josef, Margret und Klaus Küpper, Köln

Das Ferienhaus ist durch Umbau einer alten, in Familienbesitz befindlichen Scheune nach einem komplizierten Genehmigungsverfahren entstanden. Das Bauordnungsamt verlangte, daß die bestehende Gebäudesubstanz erhalten blieb und die ortsüblichen Materialien Holz, Backstein und Dachziegel verwendet würden; es gab seine Genehmigung nur zur Nutzung des Gebäudes als ‚Wanderhütte'. Die ehemalige Scheune liegt nahe bei einem kleinen Weiler, so daß die Strom- und Wasserversorgung sowie die Entwässerung kein Problem war.
Im Erdgeschoß liegt der große Aufenthaltsraum mit Eßplatz und offenem Kamin. Die Treppe führt ins Obergeschoß zu den 4 Schlafkojen. An der Südseite des Hauses wurde ein überdeckter Freisitz angelegt, mit weiter Aussicht ins Bergische Land.

**1** Das kleine Haus mit dem Fachwerkgiebel fügt sich harmonisch in die Landschaft
**2** Aufgang zum Dachgeschoß

**3** Eßplatz. Die mit einem Vorhang verdeckte Tür führt zum Freisitz
**4** Blick zum Fachwerkgiebel im Wohnraum

1 Windfang
2 Wohnen
3 Essen
4 Kochen
5 WC
6 Terrasse
7 Schlafen

1 : 200

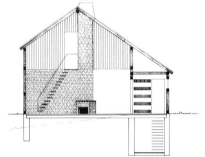

Schnitt

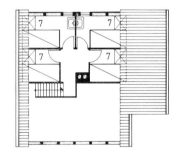

Obergeschoß

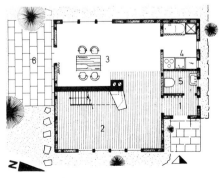

Erdgeschoß

## Casa Perbioi

Architekt: Dr. Frank Krayenbühl, Zürich

Das aus einem ursprünglich mehrfach unterteilten Ziegenstall zu einem Feriensitz umgebaute Haus liegt auf einer Alp abseits vom Fahrverkehr. Die bestehenden Bruchsteinmauern und die für den Tessin typische Dachkonstruktion aus Kastanienholz bildeten die Raumhülle, in die der Innenausbau – mit Verzicht auf folkloristische Elemente – eingepaßt wurde. Die weißverputzten Wände mit den kräftig rotgefärbten Eisenfensterrahmen stehen in Kontrast zu dem mit Granitplatten oder Föhrenholzriemen abgedeckten Fußboden. Die Untersicht des Steinplattendaches ist zwischen den Kastanienholzsparren mit ungehobelten, dunkelbraun gebeizten Tannenbrettern abgedeckt.

Der Fußboden folgt dem Niveau des ursprünglichen Raumes und den geländeterrassen; seine zu Sitzgelegenheiten ausgebauten Stufen um Kamin und Eßtisch erübrigen weitgehend eine zusätzliche Möblierung. Der offene Kamin, die diagonal durch den Raum geführte Treppe und die Höhenabstufungen des Bodens formen den Raum zu einer begehbaren Plastik.

Die Treppe ist auf den Zugbalken der bestehenden Dachkonstruktion abgestützt und führt zu der leicht abgesenkten Schlafgalerie. Der Hauptraum wird ergänzt durch eine Sanitäreinheit und zwei kleine Schlafkammern, die vom gemeinsamen Eingangshof erreichbar sind. Die Terrassierung des umliegenden Geländes entspricht weitgehend dem ur-

**1** Innenraum vom Arbeitsplatz aus gesehen. Die Küchenregale sind – ebenso wie die Treppe – aus Föhrenholz, der Tresen aus Bruchsteinmauerwerk
**2** Treppe zum Eingangshof
**3** Schlafplatz auf der Galerie
**4** Kaminplastik mit Sitzstufen. Rechts die Eingangstür

1 : 200

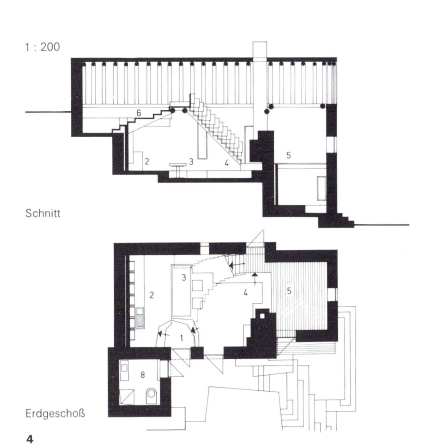

Schnitt

Erdgeschoß

sprünglichen Zustand. Neu errichtet wurde lediglich die in den Eingangshof führende großzügige Treppenanlage, deren unregelmäßige Doppeltritte das Sitzen und Ausruhen in der Sonne ermöglichen.

1 Eingang  5 Arbeiten
2 Kochen  6 Schlafen
3 Essen  7 Abstellraum
4 Wohnen  8 Dusche/WC

Obergeschoß

**4**

## Landhaus im Staat New York

Architekt: Norman Jaffe, New York

Ein uriges Holzdach mit Zangen und Streben, Holzschindeln als Dachdeckung sowie Bruchsteinwände und -böden erfüllten den ausdrücklichen Wunsch des Bauherrn, eines Filmdirektors, nach natürlichen Materialien. Das Gebäude mit seinem glockenturmähnlichen Trakt – in dem der Elternschlafbereich liegt – würde ohne die großen Glasflächen an eine Trutzburg erinnern.

Das Raumprogramm verlangte für Eltern und Kinder getrennte Zonen, eine in den USA oft geforderte Maßnahme, die jeder Altersgruppe ungestörte Entfaltung bietet.

So liegen die Kinderschlafzimmer und ein Mehrzweckraum im Erdgeschoß zusammen mit dem Gymnastikraum und das Elternschlafzimmer im Obergeschoß mit einer Galerie als ‚Turmsitz'. Von hier aus genießt man den Ausblick ins weite Land mit Feldern, Weiden und Dünen des nahe gelegenen Meeres.

1 : 300

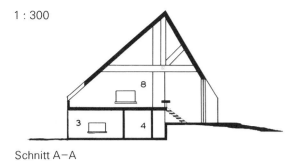

Schnitt A–A

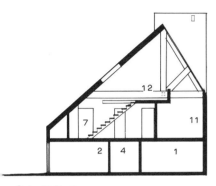

Schnitt B–B

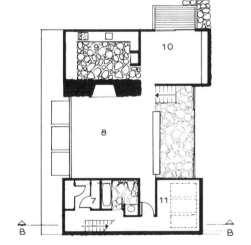

1. Obergeschoß

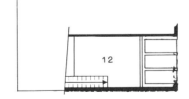

Galerie 2. Obergeschoß

Erdgeschoß

**1** Die Terrasse und das daran anschließende Treppenpodest im Innern des Hauses liegen eine halbe Treppe über dem Erdgeschoß und eine halbe Treppe unter dem Wohngeschoß
**2** Wohnraum mit Blick auf die Dünen
**3** Straßenseitig geschlossene Front mit Eingangstür
**4** Küche mit Holzeinbauten

1 Eingang
2 Gast
3 Gymnastikraum
4 Bad
5 Mehrzweckraum
6 Kinder
7 Schrankraum
8 Wohnraum mit Kamin
9 Kochen
10 Essen
11 Eltern
12 Galerie

## Sommerhaus am Bodensee

Architekt: Professor Paul Stohrer, Stuttgart

Auf einem Hanggelände am Bodensee steht dieses Sommerhaus. Da die Seeseite Nordostseite ist, wurde die Dachschräge so angelegt, daß über das Haus hin noch Südsonne auf die Terrasse fällt. An der Südwestseite, wo Eingang und Garage und darüber die Schlafräume liegen, war es dagegen nötig, die Sonne abzuschirmen. Diese Seite ist daher mit undurchsichtigem Dickglas verglast und hat außen, im Abstand von 30 cm, eine feststehende Holzjalousie; von innen ist sie in 20 cm Abstand durch einen weißen Vorhang geschützt. Infolge dieser Zwischenräume entsteht ein thermischer Luftauftrieb und damit eine gute Isolierung bei Sonneneinstrahlung.

Das Innere des Hauses bietet fließende Raumfolgen. Mit Ausnahme vom WC gibt es keine Türen, sondern nur Schiebewände oder Vorhänge. Im Erdgeschoß liegen Küche mit klappbarer Eßbar, ein Arbeitsplatz und die Sitzgruppe mit Blick über die Terrasse auf den Bodensee. Treppe und Laufsteg führen ins Galeriegeschoß mit den beiden Schlafräumen.

Da der Baugrund wasserführender Uferschlick über einer Kiesbank ist, wurde das Haus mit Betonstützen auf 4 Rammpfahlbündel gestellt. Der Abstieg zum See erfolgt durch eine Luke im Terrassenboden, über einen Laufsteg und eine zweite Leiter.

Grundrisse
1 fahrbarer elektr. Warmlufterhitzer
2 Eßbar mit Klappfeld
3 Abstieg zum Laufsteg
4 Abstieg zum See
5 Laufsteg zur Schlafgalerie

**1** Das Ferienhaus vom Wasser aus
**2** Treppe und Laufsteg zu den Schlafkojen
**3** Küche mit Eßbar
**4** Terrasse mit Pflanzbecken als Brüstung

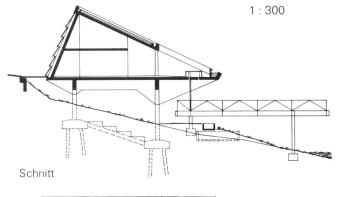

Schnitt

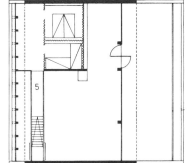

Galerie

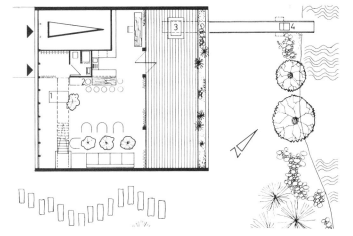

Erdgeschoß

## Ferienhaus in Massachusetts

Architekt: Bernard A. Marson, New York

Das Grundstück ist ein schmaler Felshang zwischen Weg und See mit altem Baumbestand und günstiger Nordwest-Südost Lage. Über die ‚Anlegebrücke' betritt man das Galeriegeschoß des kleinen Ferienhauses. Neben dem Eingang liegen Bad und WC und daran anschließend zwei Schlafplätze. Dieses Obergeschoß hat an der Nordwestseite ein Oberlichtband zur Querlüftung, belichtet wird es zusätzlich über die Verglasung zwischen den versetzten Dächern. Eine Treppe tiefer liegt der Wohnraum mit Koch-, Eß- und Sitzplatz. Der Wohnraum hat an seiner ganzen Südostseite Glasschiebetüren, durch die man die Sonnenterrasse betritt. Da das Grundstück sehr schmal ist, wurde auf Fenster in den Seitenwänden verzichtet; die Terrasse erhielt seitlichen Sichtschutz aus Holzlamellen. Das auf Stützen stehende Haus hat eine Fichtenholzkonstruktion mit Zedernbohlen verkleidet; es wird mit einer Gasetagenheizung versorgt.

**1** Ansicht vom See mit Treppenaufgang zur Sonnenterrasse. Das Fenster im Vorsprung des Obergeschosses gestattet zusätzlichen Ausblick auf den See
**2** Wohnraum
**3** Blick über die Terrasse zum See
**4** Zugangssteg
**5** Treppe zwischen Galeriegeschoß und Wohnbereich
**6** Das offene Galeriegeschoß auf der Eingangsebene trägt zu dem großzügigen Raumerlebnis bei

1 : 200

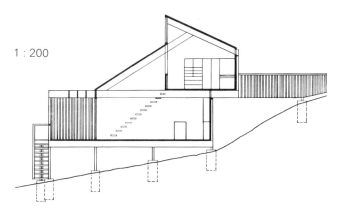

Schnitt

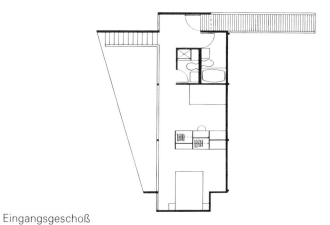

Eingangsgeschoß

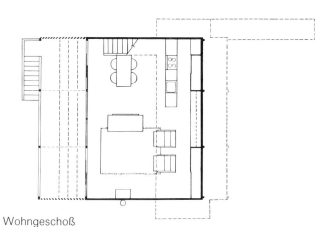

Wohngeschoß

41

**1** Der Eingang ins Haus ist an der teilüberdeckten Terrasse

## Sommerhaus mit Sonnendeck

Architekt: McCue Boone Tomsick, San Franzisco

Für dieses Sommerhaus auf einem Waldhang der Santa Cruz Mountains wurde ein Architekturpreis der USA vergeben. Die Jury stellte fest: ‚Die Durchbildung und Einfachheit der Details sowie die Wärme und formale Richtigkeit aller Bauteile des Hauses machen es zu einer klassischen Schöpfung seiner Art.' Das Haus ist wie eine quadratische Spirale aufgebaut. Auf der unteren Ebene liegt der Wohnraum mit Kaminplatz und Küchenblock; fünf Stufen darüber sind die Sanitär- und Stauräume untergebracht; über dem Kaminplatz liegt das offene Galeriegeschoß, dessen Dach als Sonnendeck dient.

Von jeder der drei Ebenen: Wohnbereich, Galerie und Sonnendeck blickt man über ein stilles Tal hinweg auf den Pazifik.

**2** S. 44/45: Das auskragende Treppenhaus zwischen Erdgeschoß und Galerie und die Freitreppe zwischen Galerie und Sonnendeck machen das Gebäude zu einer Plastik
**3** Blick von der Terrasse zum Kaminplatz und darüberliegender offener Galerie. Durch das Fenster der Galerie sieht man die Freitreppe zum Sonnendeck

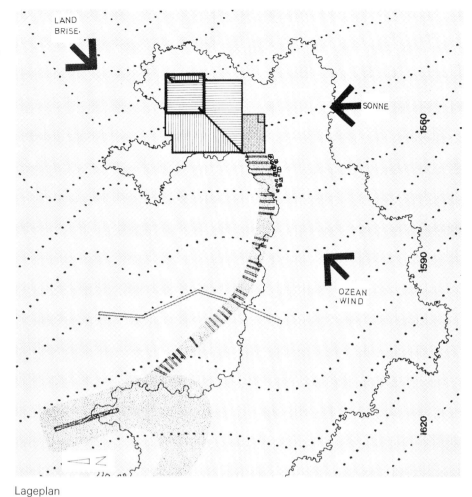

Lageplan

Grundrisse: 1 : 200
1 Eingang
2 Abstellraum
3 Kochen
4 Ankleide
5 Bad
6 Sauna
7 offener Kamin
8 Galerie
9 Sonnendeck

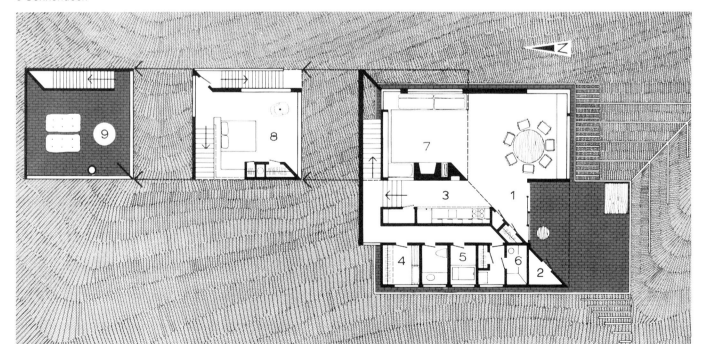

1

2

## Ferienhaus am Steilhang

Architekt: Carl Fahr, Stuttgart

1 Wohnen
2 offener Kamin
3 Kochen
4 Essen
5 Sauna
6 WC
7 Bad
8 Abstellraum
9 Schlafen
10 Eingang
11 Terrasse

**1** Ansicht von Osten
**2** Fassadenausschnitt. Zu der senkrechten Verschalung aus dunkelimprägnierten Fichtenholzbrettern geben die weißgestrichenen Fensterelemente einen frischen Kontrast
**3** Schiffstreppen und Seile, transparente Vorhänge und helles Fichtenholz sind die Materialien des Innenausbaues
**4** Terrasse neben dem Wohnraum
**5** Wohnraum

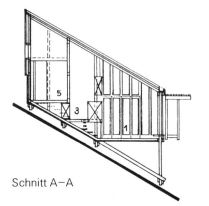

Schnitt A–A

Schnitt B–B

Grundriß

1 : 200

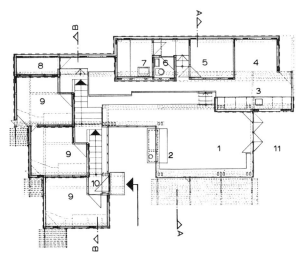

3

An einem steilen Südhang mit Blick auf den Bodensee und bei klarem Wetter bis zu den Schweizer Alpen wurde dieses Gebäude als Ferienhaus errichtet. Mit seiner Konzeption und Größe von 84 qm Wohnfläche kann es jedoch auch als ständiges Wohnhaus dienen. Entgegen den Bauvorschriften, die ein Satteldach von 15–30° Neigung und ein Sockelgeschoß vorschrieben – was auf diesem felsigen Steilhang eine kostspielige und architektonisch unbefriedigende Lösung mit massiven Stützmauern bedeutet hätte – wurde die nun davon abweichende Planung genehmigt. Der Architekt, gleichzeitig Bauherr, konstruierte das Holzhaus in Ständerbauweise mit Einzelfundamenten. So wurden größere Erdarbeiten überflüssig.

Das ganze Gebäude wurde zum Berg hin so verbreitert, daß jeder Raum ein Fenster mit Seeblick hat. Außerdem folgt der Höhenversprung dem 30° steilen Hang. Die einzelnen Ebenen sind so versetzt, daß zwischen ihnen Nischen für die Elektrospeicherheizung sowie Stauraum entsteht. Zum Teil sind die horizontalen aber auch mit schiefen Ebenen verbunden, so daß sich der Hang bis ins Haus hinein fortsetzt. Dadurch entsteht ein außergewöhnliches Wohnerlebnis.

4

5

## See-Ranch in Kalifornien

Architekt: McCue Boone Tomsick, San Franzisco

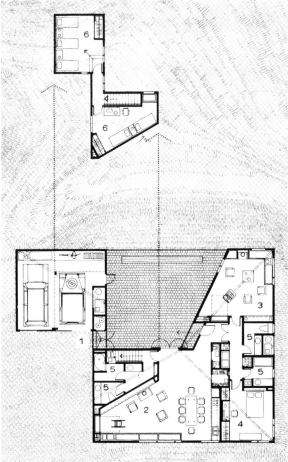

Grundrisse 1 : 300

1 Eingang über den Patio
2 Kamin- und Fernsehplatz
3 Gast
4 Eltern
5 Bad/WC
6 Kinder

Auf einer sonnigen Halbinsel in Kalifornien liegt diese ‚Sea Ranch Residence' mit wundervollen Ausblicken die Küste hinauf und hinab. Das Profil des Gebäudes und die Grundform sind unaufdringlich und der Landschaft angeglichen. Außerdem wurden die nordwestlichen Sommerwinde berücksichtigt und die in den Patio einfallende Sonne. Das Haus hat drei getrennte Bereiche: Erstens den allgemeinen Bereich mit Koch-, Eß- und Fernsehplatz; zweitens den Elternbereich mit Schlafraum, Bad, WC und einem Empfangsraum, der auch als Gästezimmer dient; drittens den Kinderbereich mit den Sanitärräumen im Erdgeschoß und zwei Mehrbettzimmern im Obergeschoß. Die Schlaftrakte sind vom Wohntrakt akustisch und optisch getrennt, so daß dieses Haus von mehreren Altersgruppen gemeinsam oder getrennt bewohnt werden kann, ohne daß eine Gruppe die andere stört.

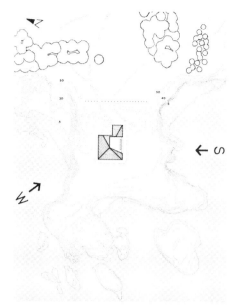

Lageplan
S Sonne
W Wind

**1** Blick vom Land auf das Pyramidendach des Ferienhauses. Die Fenster gehören zum Kindertrakt des Hauses; das obere zu einem der Schlafräume, die unteren zu den Sanitärräumen.
**2** Blick zum Patio
**3** Zusammen mit den zusätzlichen Schlafplätzen im Kaminbereich hat das Haus 12 Betten

## Ferienhaus mit Blick zum Atlantik

Architekt: Bernard A. Marson, New York

Der Wohnraum dieses Sommerhauses liegt im Obergeschoß, damit man von ihm aus über die Baumwipfel hinweg zur Peconic Bay sehen kann. Während die Verkehrswege im Erdgeschoß knapp bemessen sind, weitet sich der Raum im ersten Obergeschoß zu einer großzügigen Wohnzone. Der über das Wohngeschoß hinausragende Balkon hat seitliche Wände als Windschutz. Auf dem offenen Galeriegeschoß über der Küchenzeile liegt das Studio, welches auch als zusätzlicher Schlafplatz benützt wird, sowie ein Bad und eine Dachterrasse, die als Sonnendeck dient. Die Innenwände sind verputzt; Böden, Galerie und Dachuntersicht holzverkleidet; alle Fenster sind mit goldbedampften Isolierscheiben verglast. Das Haus wurde – bis auf einen Teil des Sockelgeschosses – mit Zedernschindeln verkleidet.

1:300

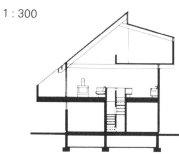

Schnitt

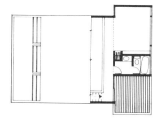

Galeriegeschoß

Obergeschoß

Erdgeschoß

**1** Der Platz unter dem Balkon dient als Wagenabstellplatz. Neben der Hauseingangstür, die ins Erdgeschoß mit seinen drei Schlafräumen und dem Bad führt, liegt die Tür zu dem von außen zugänglichen Abstell- und Kellerraum
**2** Treppenaufgang vom Sockelgeschoß. Die Brüstung des Treppenlochs hat zur Küche hin eine Anrichte und zum Kaminplatz eine Sitzbank eingebaut. Die Glastüren zwischen Wohnraum und Balkon werden von Lamellen beschattet
**3** Ansicht vom Tal
**4** Wohngeschoß mit Galerie

1

2

## Trottenhof am Vierwaldstättersee

Architekt: Dr. Justus Dahinden, Zürich

Da direkt am Wasser heute keine Neubauten mehr errichtet werden dürfen, kaufte der Bauherr dieses 400 Jahre alte, ehemals als Bootsanlege verwendete Gebäude und baute es zu einem Ferienhaus aus.

Von einem Flachdachanbau wurde einzig ein Teil der Westmauer als Schutz vor Nachbareinblicken belassen. Auf dem so entstandenen Platz entstand ein windgeschützter Sonnenhof mit Kaminplatz und Blick zum Wasser, sowie an der Straßenseite eine Gartenhalle, die als Wohnraum und Elternschlafplatz dient. Von hier geht es über eine Treppe zur Galerie mit Eßplatz und dem Wohnraum im ersten Obergeschoß. Im zweiten Obergeschoß, unter dem First, wurde der Kinderschlafraum untergebracht. Die fließenden Raumfolgen entsprechen dem Wunsch des Bauherrn nach offener, ungezwungener Lebensweise, die ein Ferienhaus im Gegensatz zur Stadtwohnung bieten soll. – Das ganze Haus ist eigentlich nur ein einziges großes Dach, unter dem auf drei Ebenen gewohnt wird.

Vom Wasser aus fährt man mit dem Boot entweder zur Bootsaufhänge unter dem Wohnraum oder unter das Vordach auf der Ostseite des Hauses. Hier ist ein wettergeschützter Freisitz, der als Kinderspiel- und Badeplatz bei Regen dient und der Autoabstellplatz neben dem Eingang von der Straße her.

**1** Sonnenterrasse und Bootsaufhänge mit darüberliegendem Wohnraum sind zum Wasser gerichtet
**2** Ansicht vom See. Unter dem Dach rechts der regengeschützte Badeplatz
**3** Kinderschlafplatz im zweiten Obergeschoß
**4** Treppendetail

1 : 300

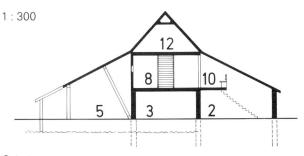

Schnitt

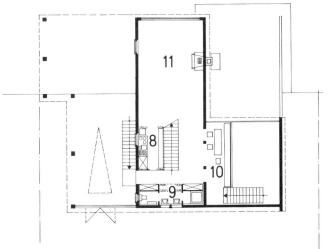

Obergeschoß

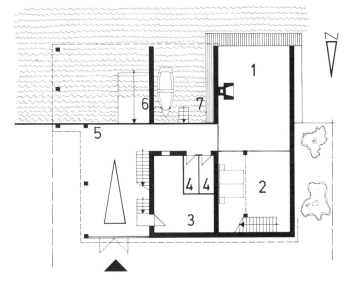

Erdgeschoß

1 Sonnenterrasse mit Kamin
2 Gartenhalle
3 Keller
4 Umkleide
5 überdeckter Freiplatz
6 Rampe
7 Bootsaufhänge
8 Kochen
9 Bad, WC
10 Essen
11 Wohnen
12 Kinder

**5** Galerie mit Eßplatz im Obergeschoß auf derselben Ebene wie Wohnraum und Küche
**6** Die Gartenhalle mit vorgelagerter Sonnenterrasse. Die Gartenhalle wird tagsüber als Wohnraum benützt, nachts wird mit einem Vorhang der Elternschlafbereich abgetrennt. Die Galerie mit Eßplatz überdeckt einen Teil des Erdgeschosses und hat so auch noch freien Ausblick über die Sonnenterrasse hin zum Vierwaldstättersee

# Landhaus im Westerwald

Innenarchitekt: Klaus Kaballo, Köln

Schnitt 1 : 300

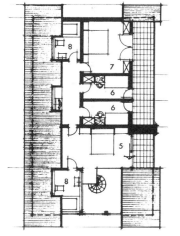

Obergeschoß

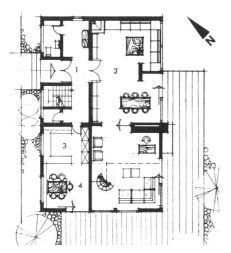

Erdgeschoß
1 Eingang
2 Wohnen
3 Kochen
4 Essen
5 Eltern
6 Kind
7 Gäste
8 Bad

**1** Der großflächig verglaste Giebel der Gartenseite
**2** Galerie mit Schlafplatz und luxuriösem Bad
**3** Wohnraum mit Wendeltreppe zur Galerie

**1**

Ein mitten im Wald gelegenes kleines Ferienhaus wurde durch eine Umbau-Erweiterung zu einem komfortablen Wohnhaus. Im Erdgeschoß wurden Wohnraum und Küche und im Obergeschoß eine Galerie mit dem Schlafplatz über eine Wendeltreppe mit dem Wohnraum verbunden, – sowie ein Bad neu eingerichtet.

Die dunkel imprägnierten Hölzer der Fachwerkkonstruktion und der Fensterelemente wechseln mit weißen Putzflächen und kontrastieren zu dem unglasierten Keramikbelag des Erdgeschosses sowie dem Velour im Galeriegeschoß.

**2** **3**

## Cottage-Anbau

Architekt: Peter J. Aldington im Büro Aldington und Craig, Haddenham

**1** Bei Anbauten muß besondere Rücksicht auf die vorhandene Bebauung genommen werden. Ein Ergänzungsbau zu dieser viktorianischen Landhausgruppe erforderte besondere Überlegungen
**2** Die kleine Galerie wird als Nähplatz benützt
**3** Durch einen Wanddurchbruch neben dem Kamin gelangt man von der Eingangshalle des alten Gebäudes in den Anbau
**4** Die Schiebetüren im Wohnraum sind nach Südwesten orientiert

Zu seinem älteren, doch gepflegten Cottage kaufte der Bauherr noch einen weiteren kleineren hinzu, der mit einem Abstand von nur vier Metern an seinen anschloß. Da er seinen ständigen Wohnsitz aufs Land verlegen wollte und deswegen einen größeren Komfort als bisher anstrebte, sollte der Architekt den Cottage renovieren und erweitern. Vor allem fehlte ein im Haus liegendes WC mit Dusche und ein großzügiger Wohnbereich. Der bisherige Wohnraum mit Treppe zum Obergeschoß und Nordfenstern wurde zur Eingangshalle. Zwischen die beiden bestehenden Cottages wurde ein Anbau errichtet, der die bestehende Lücke genau ausfüllte. Er wurde soweit vor die alte Hausflucht vorgezogen, daß Oberlicht und Schiebetür nach Südwesten liegen und so die Nachmittags- und Abendsonne einfallen kann.

Im hinteren Teil des Anbaus liegen Ankleideraum und WC mit Dusche, darüber eine kleine Galerie mit Arbeitsplatz, die zusammen mit der Sitzgruppe einen großzügigen Wohnbereich bildet. Alle konstruktiven Hölzer sind sichtbar. Mit seinem großen Fensterband zwischen den beiden versetzten Pultdächern und der Schiebetür nimmt der Anbau die kleinteilige Front der bestehenden Häuser zwar nicht auf, aber er stört sie auch nicht und fügt sich gut in den Landhauscharakter ein.

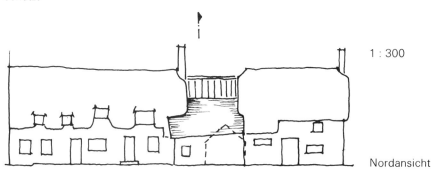

1 : 300

Nordansicht

Erdgeschoß
1 Umkleide
2 WC mit Dusche
3 Treppe zur Galerie
4 Essen
5 Kochen
6 Eingang
7 bestehendes Haus
8 bestehender Schuppen

Schnitt

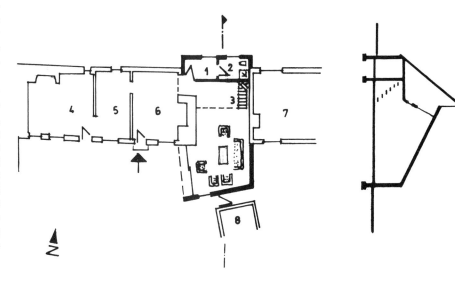

# Chesa Veglia in Zuoz

Architekten: Schneider und Busenhart, Uster, Schweiz

1

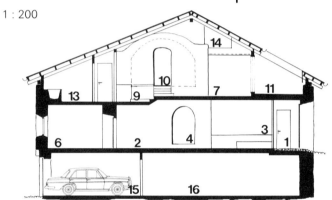

Schnitt  
1 : 200

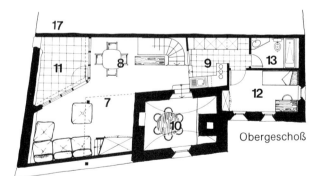

Obergeschoß

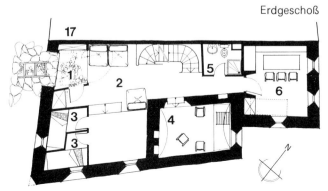

Erdgeschoß

Das dreigeschossige Haus mit seinen Abmessungen von ca. 10,50 x 7,50 m ist einer der etwa 20 alten Wohntürme von Zuoz in Graubünden und stammt aus der Zeit von 1000 bis 1200. Im Keller lagen Sennereiraum und Großviehstall, im Erdgeschoß die Diele, welche Heuraum, Küche und Stube erschloß. Eine zweite Stube lag im Obergeschoß zusammen mit der Chaminada und dem großen Vorhaus.

Beim Umbau des Gebäudes zum Einfamilienhaus im Jahr '73 wurde eine umfassende Sanierung durchgeführt. Mit Ausnahme des in der Stube vorhandenen Gewölbes waren alle Zwischenwände und -decken verrottet und mußten ebenso wie die Treppe, die Fenster, die Dachkonstruktion und -deckung erneuert werden.

1 Windfang  
2 Spiel- und Eingangshalle  
3 Kinderkojen  
4 Kaminraum  
5 Dusche/WC  
6 Büro und Gäste  
7 Wohnen  
8 Frühstücksecke  
9 Kochen  
10 Essen  
11 Balkon  
12 Zimmer  
13 Bad/WC  
14 Eltern  
15 Garage  
16 Basteln  
17 Nachbargebäude

2

58

1 Obergeschoß mit Blick zum Treppenaufgang
2 Eßraum mit Gewölbe
3 Blick von der Küche in den Wohnraum. Links der Eßraum, rechts der Treppenaufgang mit einem Truhenschrank als Brüstung
4 Blick vom Frühstücksplatz in die Küche
5 Bad im Obergeschoß

Die Außenwände wurden renoviert und zum Teil als Bruchsteinmauerwerk, zum Teil verputzt in ihrer alten Form wieder hergestellt, wobei die ursprüngliche Größe der Fenster beibehalten ist. Lediglich auf der Nordostseite wurde ein Garagentor im Sockelgeschoß eingebaut. Der Eingang mit Diele blieb ebenfalls erhalten, wobei der Bodenbelag der Straße bis ins Entree hineingezogen wurde. Im Erdgeschoß liegen außerdem Mehrzweckraum, Kaminzimmer und der Kinderbereich mit zwei Schlafkojen und Spielflur. Im Untergeschoß sind außer der Garage Hobby- und Kellerräume.

Der große Wohnbereich mit Küche, Eßplatz und Schlafempore ist ins Obergeschoß gelegt. Um ihm mehr Licht zu geben, wurde auf der Südwestseite eine Dachterrasse angelegt. Sie erhielt eine hohe Brüstung und kann daher von der Straße aus nicht eingesehen werden. – Außerdem erhielt das Haus zwei Sanitärzellen und eine Elektrospeicherheizung.

Der Innenausbau erfolgte, bedingt durch die kleinen Fenster, in hellen Farben. Das Holzwerk ist Tanne natur, der Bouclèteppich beige gesprenkelt, alle Putzflächen sind weiß und die Sitzmöbel mit Leinen bezogen. Dazu setzen matte Farben, wie das grüne Geländer und die ziegelroten Küchenfliesen sparsame Kontraste.

Die Wohnräume präsentieren sich, da auf historisierende Elemente verzichtet wurde, in heiterer Großzügigkeit. Sie machen deutlich, daß gerade bei Umbauten durch geschickte Planung jene unverwechselbare Wohnatmosphäre entsteht, die der Wunsch jedes Bauherrn ist.

**6** Sitzgruppe unter der Dachschräge. Auf der Empore unter dem Dach ist der Elternschlafplatz

## Landhaus in Viersen

Architekt: Heinz Döhmen, Mönchengladbach und Viersen

**1** Schwarzimprägnierte Holzteile und rote Ziegelwände geben dem Einfamilienhaus einen ländlichen Charakter

**2** Eingangsbereich und Eßplatz im Mittelteil des Hauses

Das großzügig angelegte Einfamilienhaus paßt sich mit seinen verschiedenen Niveaus dem vorhandenen, leicht hängigen Gelände an. Der Eingang mit Küche und Eßplatz trennt die beiden Schlaftrakte voneinander. Später, wenn der geplante Anbau errichtet ist, wird das Kinderzimmer neben dem Elternschlafraum in den Anbau verlegt, so daß die Kinderräume ganz vom Elternbereich getrennt sind. Eine Überlegung, die in

**3**

den USA und anderen Ländern schon vielfach praktiziert wird. Es ist also ein Haus, das den jetzigen Bedürfnissen der Familie entspricht und zugleich eine sinnvolle Vergrößerung gestattet.

Die Wände haben eine Vorsatzschale aus Ziegeln und sind innen zum Teil verputzt und zum Teil als Sichtmauerwerk belassen. Das mit Flachdachziegeln gedeckte Dach hat im Bereich der Oberlichter sichtbare Pfetten und Sparren; ansonsten ist die Untersicht verschalt. Der besondere Reiz dieses Hauses sind die außen und innen plastisch gestalteten Schmuckwände und die festverglasten Wand- und Dachflächen, die besonders dem Wohnraum interessante Lichtstimmungen geben und die Verbindung von Außen- und Innenraum herstellen.

1 : 300

Schnitt

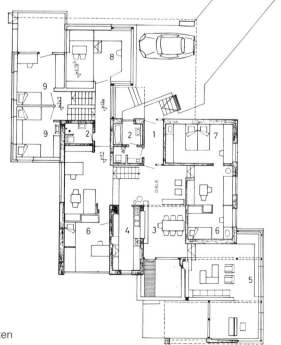

**3** Wohnraum mit festverglasten Wand- und Dachelementen
**4** Treppenaufgang zwischen Wohnraum und Eßplatz mit Durchblick in die Küche und zum Arbeitsplatz vor einem der Kinderzimmer
**5** Vom Eßplatz blickt man auf ein kleines Wasserbecken im Garten
**6** Mittelteil des Hauses. Rechts die Küche und links der Vorraum vor dem Elternschlafraum

Erdgeschoß

1 Eingang
2 WC, Bad, Dusche
3 Essen
4 Kochen
5 Wohnen
6 Kind
7 Eltern
8 geplanter Anbau, Arbeiten
9 geplanter Anbau, Kind

4

5

6

1

2

## Wohnhaus über Eck

Architekt: Hilmar Wiethüchter,
Bad Oeynhausen

Das interessante, an einem Bahndamm gelegene Grundstück formte den Grundriß des Hauses.

Das äußere Eck des Gebäudes bildet der dominierende Schornstein am Eingangsbereich. Von hier aus fällt die Kehle des über Eck abknickenden Pultdaches mit 12,5 Grad zum Garten hin ab. Der Architekt hat versucht, die besondere Bauform auch innen zum Ausdruck zu bringen; so entstand im Knick der große Wohnraum mit Galerie, Eßplatz und Kaminecke.

Selbst von der Küche aus hat man Einblick in den Wohnraum bzw. zur Frühstücksecke.

Jedes Mitglied der Familie erhielt seinen eigenen Raum mit Tür und Fenster zum Garten. Ganz besonderer Wert wurde auf den Lichteinfall der Sonne von Ost bis West gelegt; einerseits schirmt das tief heruntergezogene Dach die Räume nach Süden ab, andererseits lassen schmale Fensterschlitze nach Westen die Abendsonne weit in die Räume hinein.

Alle Räume haben im Innern das sichtbare Dach und sind, entsprechend der Dachneigung, in ihrer Höhe versetzt, so daß die Raumproportionen im richtigen Verhältnis bleiben.

Die Wände bestehen aus beidseitig weiß geschlemmtem Kalksandsteinmauerwerk. Alle Holzteile sind dunkel gebeizt. Hohe bepflanzte Erdwälle schirmen Nachbarn und eine häßliche Randbebauung ab.

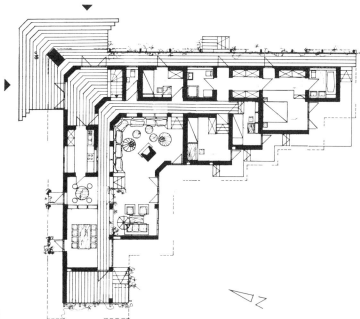

Grundriß 1 : 300

**1** Ansicht vom Garten
**2** Fassadendetail. Das weit vorspringende Dach hat keine Regenrinne
**3** Blick vom Kamin zur Sitzgruppe

# Wohnhaus eines Gartenarchitekten

Architekt: Wolfgang Basiner, München

**1** Stützmauer im Garten mit Terrasse und Tiefhof
**2** Halle mit Eßplatz. Blick zu Küchen- und Flurtür
**3** Das Haus liegt am Rande einer kleinen Ortschaft am Starnberger See. Es paßt sich mit seiner Kiefernholzverschalung der ländlichen Umgebung an.

1

2 3

**4**

Da das Haus auf einem nach Süden abfallenden Gelände liegt, konnten die in dieser Richtung gelegenen Räume des Tiefgeschosses als Büroräume verwendet werden. Im Wohngeschoß der sechsköpfigen Familie sind Eltern- und Kinderschlafräume durch den zentral gelegenen Gemeinschaftsbereich getrennt.

Auf dem Sockelgeschoß in Sichtbeton steht die Holzkonstruktion des Hauptgeschosses mit drei aussteifenden Ziegelwänden. Durch den offenen Dachstuhl wird eine Großräumigkeit erreicht, die nicht nur der Wohnhalle, sondern auch den in ihrer Grundfläche kleinen Räumen zugute kommt. Zu dem naturfarben lasierten Holz und dem weißen Anstrich der verputzten Wände im Wohnbereich setzen die roten Türen farbliche Akzente. Die Wohnräume sind mit Teppichböden belegt, die Sanitärräume geklinkert.

Eine Terrasse vor dem Obergeschoß und ein Tiefhof, beide nach Süden gelegen, bieten Freiräume zum Spielen und Wohnen im Garten.

**4** Die große Wohnhalle mit Eßplatz und offenem Kamin ist Treffpunkt aller Familienmitglieder. Ein zusätzlicher Wohnraum kann als Arbeitsplatz oder Fernsehraum genutzt werden

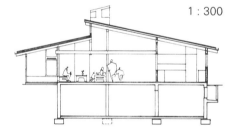

1 : 300

Schnitt

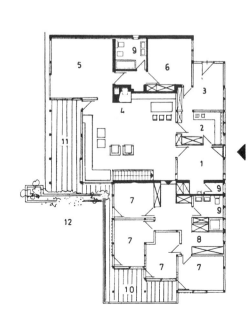

Wohngeschoß
1 Eingang
2 Kochen
3 Wirtschaften
4 Kamin in der Halle
5 Wohnen
6 Eltern
7 Kind
8 Schrankraum
9 Bad/WC
10 Balkon
11 Terrasse
12 Tiefhof

## Häusergruppe in Haddenham

Architekt: Peter J. Aldington, im Büro Aldington und Craig, Haddenham

**1** Gesamtanlage von der Straße aus gesehen. Auch der gemeinsame Wohnhof ist gegen Einblick geschützt
**2** Atrium des Architektenhauses

Der Architekt als Initiator dieser Wohnanlage ging mit folgendem Wunsch an die Verwirklichung. Anders als in der Stadt, wo Haus neben Haus steht, ist es auf dem Land noch möglich, eine freistehende Gruppe zu bauen, die das gemeinsame Wohnerlebnis mehrerer Familien mit dem wahlweisen Rückzug ins eigene Haus ermöglicht. Das Grundstück, welches der Architekt nach langem Suchen in einer kleinen Ortschaft fand, bot Raum für drei Wohnhäuser. Allerdings war es nur über eine südwestlich gelegene Zufahrt zu erreichen. Es war daher schwierig, sowohl einen großen gemeinsamen Innenhof zu erhalten, als auch Südwestbesonnung für alle Gebäude. Dafür war das Grundstück mit alten Bäumen bestanden, von denen keiner gefällt werden sollte. Aus diesen Gegebenheiten heraus wurde die Gesamtanlage konzipiert und die drei Wohnhäuser entworfen.

Alle erhielten sie ein Atrium zur Südseite. Das hier gezeigte Haus des Architekten ist das am weitesten von der Einfahrt entfernt gelegene Gebäude. Der Eingang liegt unter dem großen Dach in der Mitte der Anlage. Der Baukörper links unter dem Dach gehört zu einem der beiden anderen Häuser, der rechts unter dem Dach ist das Architekturbüro. Dieses wird, wie auch Küche und Elternschlafraum, über das Atrium belichtet. Der Kaminraum dagegen ist nach Osten geöffnet und läßt die Morgensonne ins Haus.

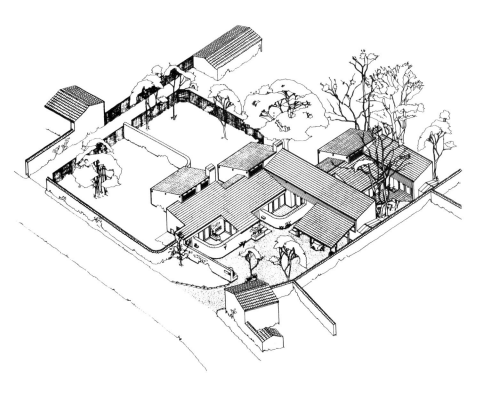

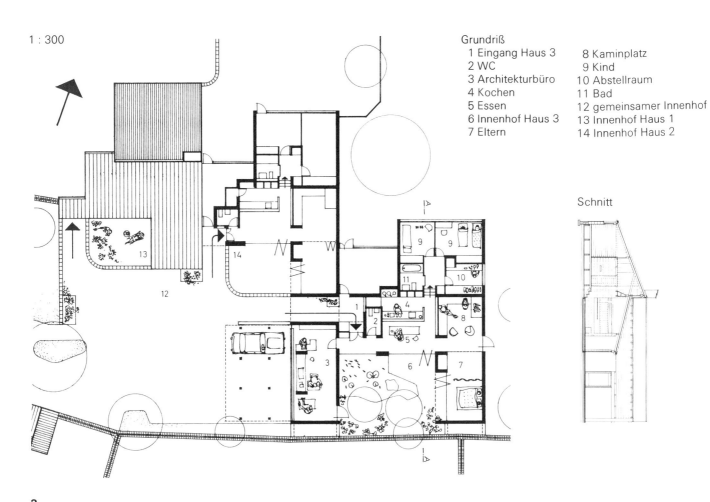

1 : 300

Grundriß
1 Eingang Haus 3
2 WC
3 Architekturbüro
4 Kochen
5 Essen
6 Innenhof Haus 3
7 Eltern
8 Kaminplatz
9 Kind
10 Abstellraum
11 Bad
12 gemeinsamer Innenhof
13 Innenhof Haus 1
14 Innenhof Haus 2

Schnitt

**3** Die Verkehrszone vor dem Atrium ist gleichzeitig erweiterter Wohnbereich
**4** Kaminraum
**5** Blick vom Innenhof zur Küche. Das Oberlicht über der Küche gehört zum Kinderschlaftrakt

# Wohnhaus mit Atelierfenstern

Architekten: N. Foster, W. Foster und R. Rogers, London

**1** Gartenansicht. Hinter dem Mittelteil mit geöffneter Schiebetür liegt der Kinderspielplatz
**2** Wohnraum mit Blick durch die geöffnete Schiebetür zum Kinderspielplatz

1 : 300

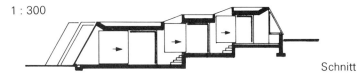

Schnitt

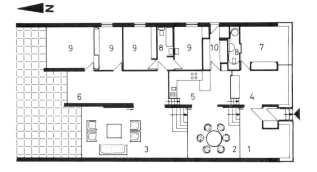

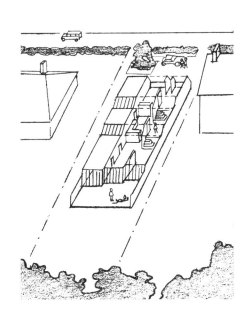

Grundriß
1 Arbeiten
2 Essen
3 Wohnen
4 Mehrzweckraum
5 Kochen
6 Spielen
7 Eltern
8 Bad
9 Kind
10 Hausarbeit

Auf einem schmalen Hanggrundstück mit Ausblick nach Norden wünschte der Bauherr ein Wohnhaus mit flexiblem Grundriß. Es sollte sowohl Repräsentationszwecken als auch der Familie zu vielfältiger Nutzung dienen. Die noch kleinen Kinder müssen von der Küche aus beaufsichtigt werden können, – außerdem muß es erweiterungsfähig sein. So entstand dieses originelle Haus mit drei langgestreckten Zonen: Wohnbereich mit Eß- und Arbeitsplatz, Schlafbereich mit Bad und dazwischen der Mehrzweckbereich mit der Küche in der Mitte. Neben dem Eingang liegt ein Sprech-, Empfangs- und Musikraum und zum Garten hin der Kinderspielplatz. Diese beiden Räume können mit großen Schiebetüren zum Wohnbereich hin geöffnet werden, so daß bei festlichen Anlässen um die Küche herum ein großer Wohnbereich entsteht.

Da da Grundstück hangabwärts nach Norden orientiert ist und Beschattungsprobleme daher nicht auftreten, wurde das ganze Haus durch Atelierfenster belichtet. Aus der dreifachen Staffelung des Baukörpers in Hausbreite und die drei Niveaus ergeben sich interessante Lichteinfälle und eine wohltuende rhythmische Gliederung.

Nach Westen ist das Haus anbaufähig. Mit kleinen Änderungen der Schlafraumfenster ist es auch als Reihenhaus zu verwenden. Die Trennwände zwischen den Schlafräumen sind nicht tragend und können problemlos versetzt werden. So bietet es Möglichkeiten des Veränderns und eine intensive Grundstücksnutzung.

2

**3** Detail mit Verglasung an der Terrasse
**4** Blick zum Eingang
**5** Die schräge Verglasung an den beiden Dachversprüngen versorgt auch die Innenzonen mit viel Tageslicht, außerdem ist jederzeit der Himmel zu beobachten

# Japanisches Ferienhaus

Architekt: Shin Takasuga, Tokio

Als Teil eines Ferienhausparks mit Gebäuden von gleicher Größe, jedoch geringfügig variierten Grundrissen, Fassadenelementen und Dächern wurde dieses Sommerhaus errichtet. Es zeigt einige Gestaltungsmerkmale des traditionellen japanischen Stadthauses.

Da das Klima Japans im Winter trockenkalt, im Sommer jedoch feuchtheiß ist, wurden einige Gestaltungs- und Konstruktionseigenarten entwickelt, um der Verrottung der fast ganz aus Holz erbauten Häuser vorzubeugen: zum Beispiel die Aufständerung. Die großen Schiebetüren bieten die Möglichkeit, den geringsten Windzug während der Regenzeit zur Lüftung zu nutzen.

Das Zeltdach aus vier quadratischen Feldern hat einen weiten Dachüberstand: er deckt die Terrasse, so daß man sich auch bei Regen draußen aufhalten kann; er schützt das Innere auch bei geöffneten Schiebetüren vor Regen; er beschattet die Fenster, so daß nur die milde Abend- und Wintersonne ins Haus fällt.

Das Fachwerk der Wände ist zum Teil mit weißgestrichenem Lehmbewurf auf Fasermatten gefüllt, zum Teil mit papierbespannten Schiebewänden. Diese lassen gedämpftes Licht ins Innere. Sicher gegen Einbruch ist dieses Haus natürlich nicht, – aber es bietet auch keinen Anreiz dazu.

Neben wenigen Einbauten, Sanitäreinheit und Küchenzeile, besteht die Möblierung aus Sitzkissen sowie Matratzen und Decken für Betten auf der Schlafgalerie.

**1** Schiebetüren und Feuerbecken sind Elemente des traditionellen japanischen Hauses

**2** Ansicht von Südwesten
**3** Das weit heruntergezogene Dach schützt vor Niederschlag und Sommersonne, läßt jedoch die Strahlen der tiefstehenden Sonne ins Haus

**4** Wohnraum mit Schlafgalerie über Kochzeile und Sanitäreinheit

1 : 150

Obergeschoß

Erdgeschoß

## Ferienhaus in der Schweiz

Architekt: Werner Küenzi, Bern

**1** Eingang und Autoeinstellplatz unter dem weit vorgezogenen Dach der Straßenfassade

**2** Blick von Westen

1:300

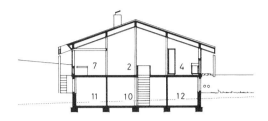

Schnitt

Dieses Ferienhaus liegt an einem ziemlich steilen Südhang knapp oberhalb des kleinen Dörfchens Aeschlen. Entsprechend den alten und fast ausnahmslos auch den neueren Häusern ist der Giebel gegen die Sonnenseite gerichtet und das Dach als schwachgeneigtes Satteldach ausgebildet.

Die Konstruktion und innere Aufteilung ist jedoch unkonventionell. Wohnraum, Küche, Eß- und Arbeitsplatz bilden ineinanderfolgende Raumfolgen und sind nur durch türhohe Elemente wie

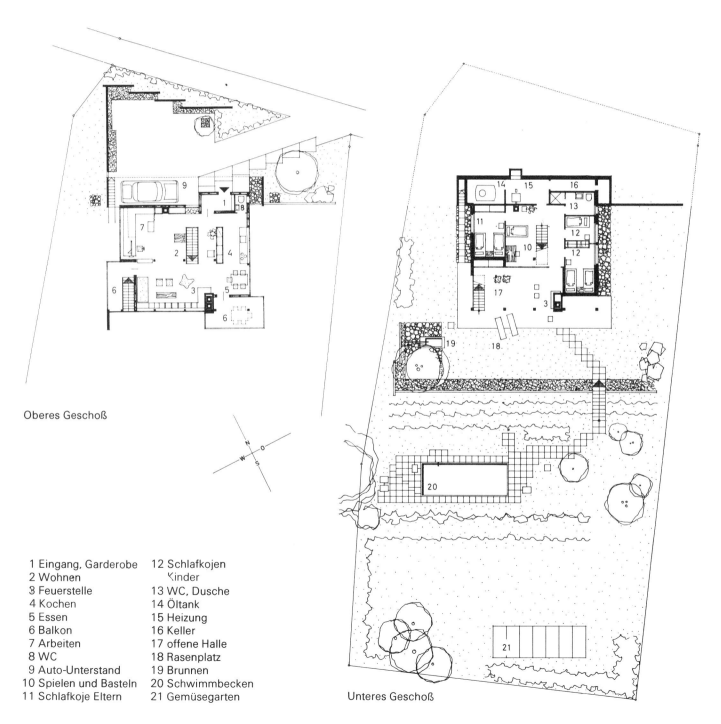

Oberes Geschoß

Unteres Geschoß

1 Eingang, Garderobe
2 Wohnen
3 Feuerstelle
4 Kochen
5 Essen
6 Balkon
7 Arbeiten
8 WC
9 Auto-Unterstand
10 Spielen und Basteln
11 Schlafkoje Eltern
12 Schlafkojen Kinder
13 WC, Dusche
14 Öltank
15 Heizung
16 Keller
17 offene Halle
18 Rasenplatz
19 Brunnen
20 Schwimmbecken
21 Gemüsegarten

3

4

**3** Mehrzweckraum im Untergeschoß mit Treppe zum Obergeschoß
**4** Küche und Eßplatz
**5** Arbeitsplatz im Wohnraum
**6** Überdeckter Freisitz mit Treppenaufgang zum Balkon des Obergeschosses

Küchenschrank, Vorhangpartien oder Kamin getrennt.

So wirkt das Obergeschoß mit seiner sichtbaren Dachneigung und den Fenstern nach allen Himmelsrichtungen großzügig und unkonventionell. Entsprechend dem abfallenden Gelände wurden die Schlafkojen mit dem Vorraum ins Untergeschoß verlegt. Dieser Vorraum dient als Hobbyraum und bei schlechtem Wetter auch als Spielflur; ihm ist ein überdeckter Freisitzplatz vorgelagert, der als Verbindung zwischen Haus und Garten dient.

Der terrassierte Garten bietet mehrere Freiräume: Spielrasen, Brunnenplatz mit eigener Quelle, Obstgarten und Schwimmbad.

5

6

**7** Sitzplatz mit Aussicht ins Tal
**8** Sonnengiebel

## Giebelhaus in München

Architekt: Ernst Fischer, München

Dieses konstruktiv einfache Haus besteht aus einem Sockelgeschoß aus Beton und einem Obergeschoß aus Fachwerk. Die Gefache haben außen eine senkrechte, naturfarben imprägnierte Schalung, innen weißgestrichene Spanplatten und eine Styroporisolierung. Außer der Küche mit einem Fußboden aus Keramikplatten wurde das ganze Wohngeschoß mit Sisalteppich ausgelegt. Beheizt wird das Einfamilienhaus mit einer problemlosen Warmluftheizung.

Die Fenster werden durch Außenjalousetten aus Kunststoff und an der Giebelseite zusätzlich durch das weit vorgezogene Dach beschattet. Als Lichtschutz dienen halbtransparente Vorhänge.

Im Untergeschoß liegen Studio, Gastzimmer, Dusche, Eingangsbereich und Kellerräume. Über die Wendeltreppe gelangt man ins Obergeschoß mit den Wohn- und Schlafräumen.

Durch seinen unkomplizierten Grundriß, schlichte Materialien und die sichtbare Holzkonstruktion des Fachwerks fördert dieses Haus den Wunsch nach einem natürlichen, zwanglosen Leben.

3

4

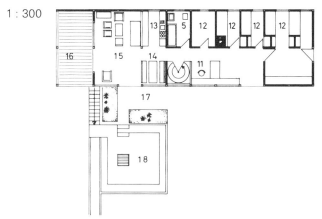
1:300

Wohngeschoß

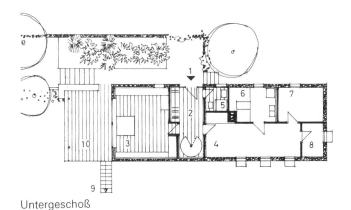
Untergeschoß

**1** Der Balkon des Wohngeschosses beschattet den Freisitz des Untergeschosses
**2** Wohnraum und Eßplatz sind durch die Glasschiebetür mit dem oberen Niveau des Gartens verbunden
**3** Arbeitsplatz neben dem Treppenaufgang
**4** Wohnraum mit Küche und Eßplatz
**5** Wohnraum mit Balkon im Obergeschoß

5

1 Eingang
2 Diele
3 Studio
4 Hobbyraum
5 Bad/WC
6 Heizung
7 Gast
8 Keller
9 Treppe zum Feuerplatz
10 Sitzplatz
11 Arbeiten
12 Schlafen
13 Kochen
14 Essen
15 Wohnen
16 Balkon
17 Terrasse
18 Feuerstelle

1 : 300

Schnitt         Dachgeschoß

**2**

1 Eingangsbereich Garderobe
2 WC
3 Kochen mit Ausgang z. Wirtschaftshof
4 Essen
5 Wohnraum mit Kaminplatz
6 Bad
7 Schrankraum
8 Eltern
9 Kind
10 Kind
11 überdachter Wagenabstellplatz
12 Gartengeräte
13 Empore mit Arbeitsplatz und Fernsehecke
14 Kind
15 Gast
16 Dusche/WC

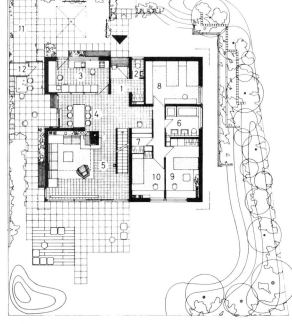

Erdgeschoß

**1**

## Wohnhaus in Friedrichshall

Architekten: Hans und Ursula Gerlach und Roland Meister, Stuttgart

Der Bauherr war 8 Jahre lang als Deutschlehrer in Mittelamerika tätig und hat während dieser Zeit eine Menge Volkskunstprodukte und alte indianische Keramik gesammelt.
Diese Gegenstände, die überall im Haus Aufstellung gefunden haben, bestimmen entscheidend Materialien und Farben des Innenausbaus. Das Mauerwerk im Erdgeschoß ist bis zu zwei Meter Höhe rauh verputzt. Die Holzverkleidung darüber und die Balken und Pfosten der tragenden Holzkonstruktion sind dunkel imprägniert, – die Dachuntersicht, die Galerie und andere Holzeinbauten aus naturfarbenem Fichtenholz. Zusammen mit weißglasierter Keramik im Wohnbereich und den olivfarbenen Teppichböden in den übrigen Räumen ergibt sich ein wirkungsvoller Kontrast.
Das Haus wurde aus konventionellen Baustoffen errichtet: Der Keller ist aus Beton, die Erdgeschoßwände sind aus verputztem Mauerwerk, das Dachgeschoß ist eine Fachwerkkonstruktion. Alle Vorschriften der Baubehörde bezüglich Dachneigung, Giebelstellung und Bauflucht wurden erfüllt. Trotzdem ermöglicht die großzügige Raumfolge ein unkonventionelles Wohnen.

**1** Gartenansicht. Der Wohnraum ist mit großen Schiebetüren zum Garten hin zu öffnen
**2** Fensterdetail im Giebel des Schlaftraktes

**3** Fernseh- und Arbeitsplatz auf der Galerie
**4** Eßplatz mit „Blickschlitz" neben dem Kamin
**5** Wohnraum mit Kaminplatz und Treppe zur Fernsehempore

## Nurdachhaus

Architekt: Peter Schmidt, Frankfurt

**1** Ansicht vom Garten
**2** Rollbares Sitz-/Liegemöbel
**3** Küche und Treppe
**4** Wohnraum mit Blick zum See
**5** Arbeitsplatz in einem der beiden Balkonzimmer des Obergeschosses. Vor dem durchlaufenden Sockel der Einbauten hängt die Fußleistenheizung

1 : 300

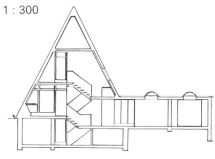

Schnitt

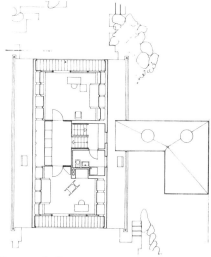

Obergeschoß

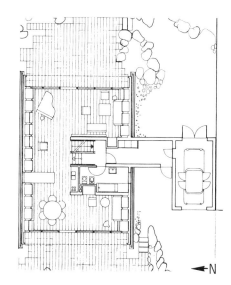

Erdgeschoß

In der losen Reihe freistehender Einfamilienhäuser im Dorf Pogeez am Ratzeburger See waren Steildächer vorgeschrieben. 62 Grad genügten, um ein Ganzdachhaus zu entwerfen, dessen ca. 10 Meter lange Sparren zwei Vollgeschossen Raum boten.

Die beiden Schlaf-Arbeitszimmer des Obergeschosses bieten den Bewohnern des Hauses ein ungestörtes Zurückziehen und schönsten Ausblick: Nach Osten auf den See und nach Süden auf Felder und Hügel. Gekocht wird neben dem Treppenhaus inmitten des Erdgeschosses, das nur einen Vielfunktionenraum hat, der sich über die gesamte Haustiefe erstreckt.

Um die Strenge des trapezförmigen Raumes zu mildern und aus praktischen Gründen wurde das untere Dreieck der Wandschrägen mit Einbauten gefüllt. Es sind zwei Typen auf durchlaufendem Schranksockel: offene Bücherregale und ein Schrank mit Klappen. Dazu kommt als drittes ein Sitzelement auf Rollen, das herausgezogen werden kann und dann als Bett dient.

Details, Dachschräge für
1 offenes Regal
2 Klappschrank
3 Couch-Bett

1:50

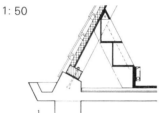
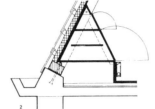
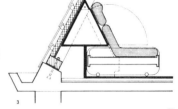

# Landhaus in Holland

Architekten: Hendriks, Campmann und Tennekes, Rotterdam und Nijmegen

Damit der Blick vom Wohnraum aus ungehindert auf die Weiden und Wälder der Umgebung fällt, liegt das Erdgeschoß dieses Landhaus 1,50 Meter über dem Erdreich. In den Keller, der Nebenräume, Garage und ein Gastappartement enthält, konnte auch der Eingang gelegt werden. Von hier aus steigt man über eine Wendeltreppe ins Erdgeschoß mit Wohn-Eßraum, Küche und Kinderschlafzimmern und weiter ins Dachgeschoß mit Elternschlafbereich und Galerie hinauf. Die offene Galerie hat an der Brüstung eine Arbeitsplatte und dient als Mehrzweck- und Bastelraum.
Die Konstruktion des Hauses ist einfach: Stahlbinder mit Holzpfetten stehen auf betonierten Fundamentklötzen vor der Kellerwand und tragen das hohe, mit Schiefer gedeckte Dach.
Viel Holz, Naturstein und Korbgeflecht prägen die Atmosphäre dieses großräumigen Landhauses.

**1** Die Sonnenterrasse vor dem Wohnraum wurde um eine alte Kiefer herumgebaut
**2** Der vollständig verglaste Giebel gestattet vom Wohnraum und von der Galerie aus einen weiten Blick ins Land
**3** Eßbar und Galerie unter dem bis zum First sichtbaren Dach

1 : 300

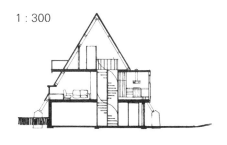

Schnitt

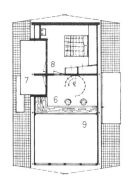

Obergeschoß

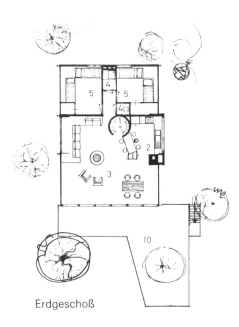

Erdgeschoß

**4** Eßplatz

1 Treppe
2 Kochen mit Eßbar
3 Wohnraum mit offenem Kamin und Eßplatz
4 Sanitärräume
5 Kinder
6 Galerie mit Arbeitsplatz
7 Balkon
8 Eltern
9 Luftraum über Wohnraum
10 Terrasse

# Japanisches Einfamilienhaus

Architekt: Kensuke Yoshida, Tokio

**1** Eingang und Garage

**2** Zweigeschossiger Trakt, oben liegen die Schlafräume, unten die Tatami-Räume

Auch wenn japanische Wohnhäuser heute alle einen „europäischen" Raum haben – einen mit westlichen Möbeln eingerichteten Wohn-Eßraum – so zeigt sich doch gerade hier die andere Lebensauffassung des Japaners. Der Shintoismus prägt eine Einstellung zur Umwelt, und zwar nicht nur zur Natur sondern auch zu den Gegenständen des täglichen Gebrauchs, die ein Europäer nicht nachvollziehen kann. So ist für den Japaner vieles „an sich" schön und beachtenswert, ja sogar beseelt, z. B. die Zusammenstellung von Wandbild, Blume und Stein in der Tokonoma-Nische, aber auch eine Nähmaschine oder ein Kunststoffsessel; so sind hier auch Sichtbeton mit Hülsenlöchern und Gitterbinder als Dachtragwerk ebenso durch sich selbst wirkende Baustoffe wie Holz und Keramikplatten.

Eine weitere Grundhaltung des Japaners ist die Bedürfnislosigkeit. Der Körper soll durch Luxus nicht verwöhnt werden, sonst entfernt sich der Mensch zu weit von der Natur. Das ist auch der Grund, warum die Haustechnik noch nicht übermäßig entwickelt ist. Zwar wird heute nicht mehr ausschließlich mit transportablen Holzkohlebecken geheizt, aber eine Warmwasserzentralheizung ist noch keineswegs selbstverständlich. Die Unempfindlichkeit gegen Kälte zeigt sich ebenso in der Ausführung der Fenster, die auch heute noch manchmal die traditionelle Bespannung aus Japanpapier haben.

Das Ideal vom einfachen Leben zeigt sich auch in der bewußt schlichten Ausstattung des gezeigten Raums. Die formschönen Kunststoffsessel bieten einen Farbkontrast zu dem ins gelbliche spielenden Weiß der Vertikaljalousien, den mit Japanpapier bespannten Fensterfeldern sowie den hellen Wänden. Trotz einer Grundfläche von nur etwa 50 Quadratmetern wurde eine optische Weite erreicht, gesteigert durch die offene Galerie.

Die Galerie bildet einen Verbindungsgang vor den Schlafräumen und ist gleichzeitig Musikstudio. In die Schrankwand wurden dekorativ zwei Lautsprecher gesetzt, die durch in die Decke eingelassene Punktstrahler beleuchtet werden. Wie in den Tatami-Räumen kann man auch hier nach alter Sitte auf flachen Kissen am Boden sitzen.

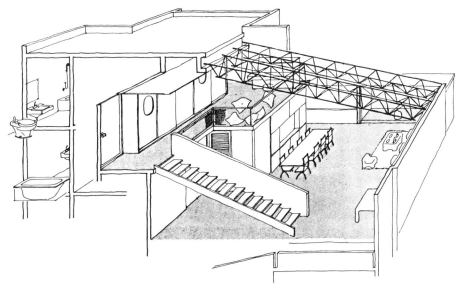

Die Tatami-Räume sind Empfangs- und Gastraum. Ein Tatami ist eine ca. 90 x 190 cm große Matte mit Holzgestell, Isolierschicht und Pflanzenfaserbespannung.

**3** Europäischer Raum mit Sitzgruppe und Eßplatz
**4** Eingangstür und Treppe zur Galerie
**5** Schrankwand zwischen Küche und Eßplatz. Die Galerie dient als Musikstudio
**6** Blick von der Galerie in den Wohnraum

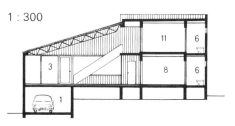

1 : 300

Schnitt

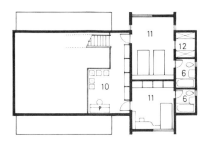

Obergeschoß

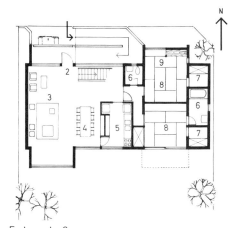

Erdgeschoß

1 Garage
2 Eingang
3 Wohnen
4 Essen
5 Kochen
6 WC, Bad
7 Abstellraum
8 Tatami-Raum
9 Tokonoma-Nische
10 Galerie
11 Schlafen
12 Schrankraum

5
6

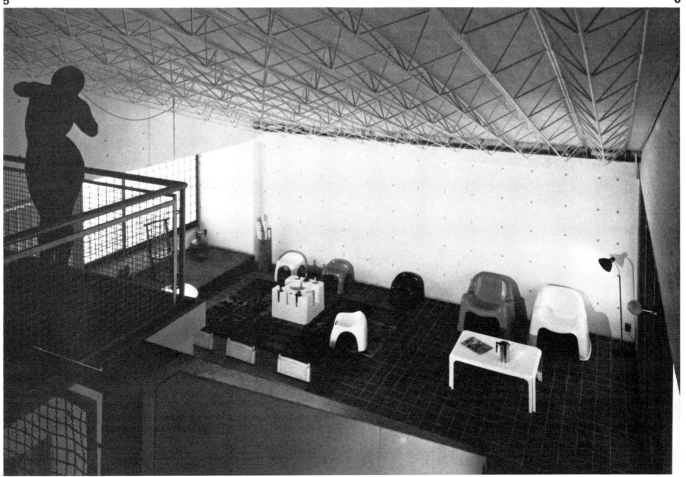

## Haus im Siebengebirge

Architekt: E. Schneider-Weßling, Köln
Mitarbeit: P. Hachenberg

**1** Fast schwarz imprägniertes Kiefernholz harmoniert mit den rotbraun glasierten Klinkerböden des Erdgeschosses und den weißgestrichenen Fassadenelementen
**2** Die außen vorgehängte Schiebetür vom Elternschlafraum zur Terrasse ist wie ein Scheunentor konstruiert

Am Rande des Siebengebirges wurde dieses unkomplizierte und doch für gepflegte Repräsentation gedachte Einfamilienhaus errichtet. Trotz strenger Vorschriften der Baubehörde, des recht kleinen Grundstücks und des ebenfalls kleinen Budget des Bauherrn konnte der Architekt eine individuelle Lösung verwirklichen.

Das Fachwerkhaus erhielt seine besondere Note durch die Lage am Wald, durch die Aufspaltung der Dachflächen und den Versatz des Giebels über drei geräumigen Dachterrassen. Die Gefache der durch Eisenträger unterstützten Holzkonstruktion sind mit Glas oder Isolierelementen geschlossen. Den Kern des Hauses bildet eine weite offene Raumfolge, deren Mittelpunkt die Wohnhalle ist. Von hier aus wird das Obergeschoß durch eine Wendeltreppe erschlossen. Über eine offene Galerie betritt man Umkleide mit Bad- und Elternschlafraum sowie das Gästezimmer. Die Dachsparren sind sichtbar belassen, die Zwischenräume durch Isoliermaterial und Rigipsplatten gefüllt. Alle Böden des Obergeschosses sind mit Teppich belegte Spanplatten. – Aus Kostengründen wurde das Haus nicht unterkellert.

**3** Wohnraum mit offenem Kamin und Galerie

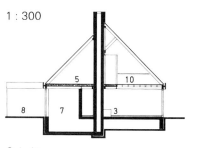

Schnitt

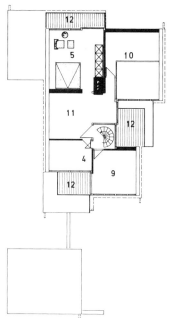

Obergeschoß

Erdgeschoß

Grundrisse
1 Kochen
2 Arbeiten
3 Kamin
4 Sanitärraum
5 Schlafen
6 Freisitz
7 Heizungsraum
8 Lagerraum
9 Gast
10 Galerie
11 Ankleide
12 Balkon

**4** Da das Grundstück nicht sehr groß ist, wurde durch die drei Terrassen des Obergeschosses zusätzlich Aufenthaltsraum im Freien gewonnen
**5** Eine Wendeltreppe verbindet Erd- und Obergeschoß
**6** Elternschlafraum im Obergeschoß
**7** Wohnbad

# Schindelverkleidetes Wohnhaus

Architekt: Norman Jaffe, New York

Den Reiz dieses Hauses machen neben der ungewöhnlichen äußeren Form die vielfältigen Durchblicke und die Lichtführung aus. Die Hauptfenster bringen von Ost und West, einige kleinere Fenster von Nord und Süd Licht und Sonne ins Haus.

Drei von den vier Ebenen des Wohnhauses mit Büro im Untergeschoß betritt man über das zentrale Treppenhaus. Auf dem Eingangsniveau liegen Gast- und Schlafräume sowie der Rekreationsraum oder Gymnastikraum. Das erste Obergeschoß ist das Wohngeschoß mit Küche, Frühstückszimmer und Eßplatz, einem kleinen Sonnendeck und der Kaminkuhle am Treppenhaus. Eine interne Treppe vom Wohnraum erschließt die Galerie und den Elternschlafbereich im zweiten Obergeschoß.

Eine weitere interne Treppe verbindet den Rekreationsraum mit dem Früh-

1

2

3

**1** Westseite mit Eingang. Das dreiseitige Fenster am Kaminplatz im ersten Obergeschoß und das Fensterband in Höhe der Galerie belichten den Wohnraum von Westen

**2** Der Kaminplatz liegt um zwei Stufen tiefer als der Wohnraum. Blick zum Eßplatz mit darüberliegender Galerie

**3** Blick von der Galerie im zweiten Obergeschoß auf den Wohnraum. Neben dem Sofa liegt die Treppe zu den unteren Etagen

1 : 300

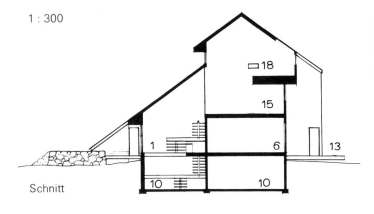
Schnitt

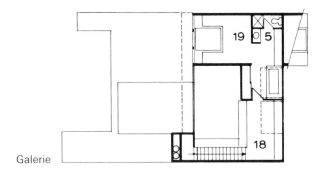
Galerie

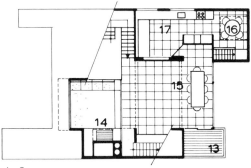
Obergeschoß

Erdgeschoß

Untergeschoß

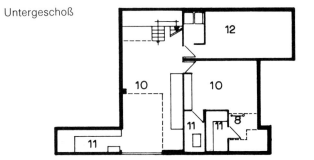

**4**

stücksplatz und eine Leiter die Büroräume mit einem Ruheraum neben dem Rekreationsraum.
Auf Fundamenten und der Bodenplatte aus Beton steht die Holzkonstruktion des Hauses. Außen ist es mit Holzschindeln, innen mit rauh gesägten Zypressenbohlen verkleidet. Die Räume haben eine holzverschalte Deckenuntersicht, Stein- oder Holzbodenbeläge.

**4** Eßplatz mit kleiner Dachterrasse und Treppe zur Galerie
**5** Büro im Untergeschoß mit Blick zur Eingangsgalerie. Das offene Treppenhaus verbindet Untergeschoß, Erdgeschoß und Wohngeschoß
**6** Wohnbad im 2. Obergeschoß vor dem Elternschlafraum mit Blick zur Galerie
**7** Dieser Kaminplatz ist durch seinen Teppich und das eingebaute Sofa auch dann wohnlich, wenn kein Feuer brennt

1 Eingangspodest
2 Fahrräder
3 Abstellraum
4 Luftraum über Büro
5 WC, Bad, Dusche
6 Gymnastikraum
7 Ruheraum
8 Leiter vom UG ins EG
9 Gast
10 Büro
11 Nebenraum Büro
12 Keller
13 Terrasse, Balkon
14 Kamin
15 Essen
16 Frühstück
17 Kochen
18 Studio
19 Schlafen

5  6  7

# Alterssitz

Architekt: Wolfgang Krenz, Athen und Oberollendorf-Königswinter

Der Architekt begann noch während des Studiums mit der Planung für das Haus seiner im Ruhestand lebenden Eltern. Vom Bauplatz, einem steilen Westhang zwischen Weinbergen, hat man einen weiten Blick auf den Rhein und Königswinter. So liegen die Arbeits- und Wohnräume nach Westen, die Keller- und Schlafräume nach Osten an der Bergseite. Durch die gewählten Materialien – weißgeschlämmtes Kalksandsteinmauerwerk, Sichtbetonteile und dunkel imprägniertes Holz der Fenster und Pergola-Dachsparren –, sowie durch die dem Geländeverlauf entsprechenden Neigungen der gegeneinander versetzten Dachflächen und teilweise skelettartig aufgelösten Außenwände wurde das Gebäude harmonisch in die Umgebung eingefügt.

Um zwei im Ruhestand lebenden Menschen eine für sie besonders geeignete Behausung zu schaffen, dient der große Wohnraum gleichzeitig als Arbeitsraum des Hausherrn, während die offene Galerie das Studio der Hausfrau darstellt.

1

2

So steht das Ehepaar in ständigem Sicht- und Hörkontakt, der keine Einsamkeit aufkommen läßt.

Der Eingang liegt auf der Südseite auf halber Höhe des Hauses. Auf einen Windfang wurde verzichtet und statt dessen eine Eßdiele eingeplant. Die Südterrasse ist gleichzeitig Eingangshof. Weitere Außenwohnräume sind Balkone an Wohnraum und Galerie, sowie eine Westterrasse vor dem Arbeitszimmer des Sohnes im Souterrain und der Gartenhof vor den Schlafräumen.

**1** Blick von Südwesten. Der Eingang auf der Südseite wird vom Balkon des Galeriegeschosses überdacht
**2** Dachüberstand und Balkon beschatten die verglaste Westfassade
**3** Wohnraum mit Blick ins Tal

Schnitt 1 : 400

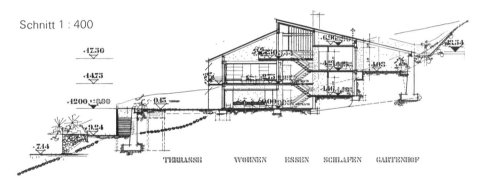

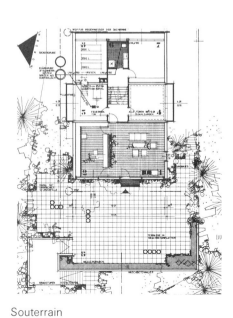

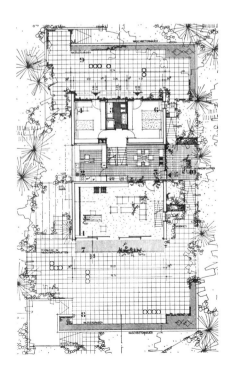

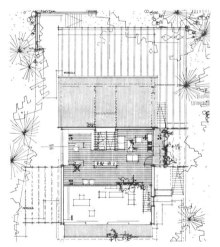

Souterrain
1 Besprechung (Diele), 2 Büro, 3 Heizung, 4 Luftschutzraum, 5 Ölkeller, 6 WC, 7 Vorräte, 8 Terrasse

Erdgeschoß
1 Wohnen, 2 Kochen, 3 Essen, 4 Gast, 5 Bad, 6 Schlafen, 7 Balkon, 8 Terrasse, 9 Gartenhof, 10 Eßterrasse

Emporengeschoß
1 Luftraum, 2 Empore, 3 Studio, 4 Zimmer der Dame, 5 Balkon

## Wohnhaus in Portugal

Architekten: Maria und Carmo da Silva, Dafundo

Wie in einem Ferienhaus wollte das Architektenehepaar wohnen, und so baute es sich dieses Haus auf einem Hanggrundstück bei Estoril. Das vergleichsweise schlichte Äußere steigert den positiven Eindruck des Besuchers, der das überraschend großzügige Innere des Hauses betritt. Er steht auf einem Treppenpodest. Von hier geht es eine halbe Treppe abwärts ins ‚Freizeitgeschoß' mit Kaminplatz und Gymnastikraum und eine halbe Treppe aufwärts ins Wohngeschoß. Der Reiz dieses Hauses liegt in seinen offenen Raumfolgen. Von der Treppe aus überblickt man Eßplatz, Sitzgruppe und Kaminplatz mit anschließendem Balkon und die Treppe zur offenen Galerie unterm Dachfirst.

Der Wohnraum wird flankiert vom Schlaftrakt mit Bad und Ankleide und von den Wirtschaftsräumen, ergänzt durch drei Freiräume: das Atrium neben dem Eßplatz, die kleine Terrasse vor dem Hausarbeitsraum und einen großen Südbalkon mit Ausblick ins Flußtal des Teja. Zählt man zu diesen Außenwohnräumen noch Freizeitgeschoß, Schwimmbecken und Garten hinzu, so ist der Wunsch nach einem ‚Wohnen wie im Ferienhaus' voll erfüllt.

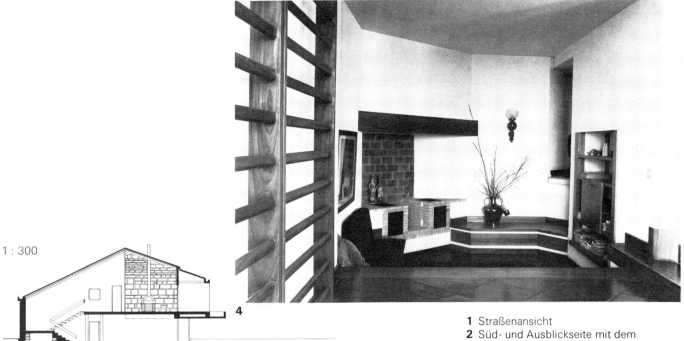

1 : 300

Schnitt

Galerie

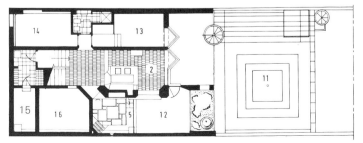

Erdgeschoß

Untergeschoß

**1** Straßenansicht
**2** Süd- und Ausblickseite mit dem Schwimmbecken. Vom Untergeschoß, dem Freizeitgeschoß, geht es nochmals eine Treppe abwärts zum Garten und Schwimmbad
**3** Blick vom Eingangspodest ins Freizeitgeschoß und ins Wohngeschoß
**4** Gymnastikraum und Kaminplatz im Untergeschoß

1 Halle
2 Wohnen
3 Essen
4 Sitzplatz,
  Treppe zur Bibliotheksempore
5 Sitzgruppe mit Kamin
6 Umkleide
7 Schlafen
8 Terrasse
9 Kochen
10 Anrichte
11 Schwimmbecken
12 Gymnastikraum
13 Zimmer
14 Umkleideraum (Bad)
15 Weinkeller
16 Keller
17 Bibliothek, Studio

**5** Aufgang vom Wohnraum zur Galerie über dem Schlaftrakt. Die Sitzgruppe neben der Treppe ist der Musikplatz: Der Tisch enthält Phonogeräte, das Regal zwischen den Lautsprechern dient als Plattenständer
**6** Arbeitsplatz auf der Galerie

**7** Verbretterte Dachuntersicht
**8** Elternschlafraum mit Ausblick ins Flußtal
**9** Blick von der Galerie auf den Wohnraum mit dem Musikplatz und der versenkten Sitzgruppe am offenen Kamin

7

8 9

## Villa in London

Architekten: Ted Levy, Benjamin und Partner, London

1 straßenseitiger Garten
2 Eingangshalle
3 Hausarbeit
4 Frühstücksplatz
5 Kochen
6 Essen
7 Wohnen
8 Schlafen
9 Bad/WC
10 Freisitz
11 Innenhof
12 Garage des Nachbargrundstücks
13 Balkon
14 Eltern
15 Ankleide
16 Galerie
17 Luftraum über Wohnraum
18 Luftraum über der Eingangshalle
19 Luftraum über Küche

1 : 300

Ansicht

Erdgeschoß

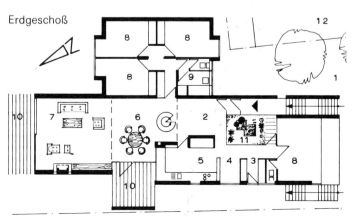

Galeriegeschoß

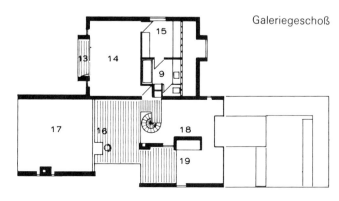

Erschwerend für die Planung des Einfamilienhauses waren die Auflagen des Stadtplanungsamtes bezüglich Hausflucht und -tiefe sowie die ungünstige Grundstückslage. In die Baulücke zwischen einer bestehenden Garage und einer hohen Stützmauer, auf das schmale, zum Garten hin ansteigende Grundstück wurde dann dieses Gebäude gesetzt. Die vom Bauherrn gewünschte Weiträumigkeit wurde unter einem Dachsystem verwirklicht, das es erlaubte, im Wohnbereich ein Galeriegeschoß zu erreichen, die Garage einzubeziehen und außerdem das Haus zur Straße hin durch ein Minimum an Masse und Höhe einladend und lebendig zu präsentieren.

Das Gebäude hat drei Ebenen. Auf der untersten, auf Straßenniveau, liegt die Garage. Neben der Garage führt ein überdachter Treppenaufgang zum Wohngeschoß. An einem Atrium vorbei betritt man die Eingangshalle mit der Wendeltreppe zum Obergeschoß. Hier liegt die zum Wohnraum hin offene Galerie mit Arbeitsplatz und der Elternschlafraum nebst Bad und Ankleide, während sich die übrigen Schlafräume wie auch die Küche im Wohngeschoß befinden.

Trotz des ungünstigen Grundstückszuschnittes gelang es den Architekten, als Außenräume das Atrium, den Balkon des Elternschlafraumes, einen dem Eßplatz zugeordneten Freisitzplatz sowie den Vor- und den Wohngarten so zu planen, daß der alte Baumbestand weitgehend erhalten blieb. Mit Schiefer als Dachdeckung, Zedernholz und unverputzten roten Ziegelwänden wurden die in dieser Villenstraße üblichen Materialien gewählt. So fügt sich der Baukörper harmonisch in die Umgebung.

**1** Gartenfront. Links der zweigeschossige Schlaftrakt, rechts der Wohnraum
**2** Straßenfront mit Garage und Aufgang zum Wohngeschoß. Über der Garage liegt ein Appartement, welches als Gast- oder Personalraum verwendet werden kann. Das am weitesten zurückliegende Oberlicht belichtet die Galerie
**3** Atrium mit Blick ins Appartement, den Hausarbeitsraum und die Frühstücksecke

**4**

**4** Galerie mit Arbeitsplatz und den als Brüstung dienenden Bücherregalen
**5** Von der Galerie aus blickt man in das Atrium, zum Appartement und zum überdeckten Treppenaufgang, der vom Straßenniveau ins Wohngeschoß führt
**6** Durch die verglasten Mauerschlitze wird der Kamin zur freistehenden Plastik
**7** Wohnraum mit offener Galerie und Blick zur Eingangshalle, zum Eßplatz und zur Küche. Rechts Fensterfront zur Nordwestterrasse

**5**        **6**        **7**

## Wohnhaus in Oferdingen

Architekt: Wilhelm Haug, Oferdingen bei Reutlingen

**4**

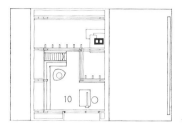

1 : 300

| | |
|---|---|
| 1 Eingang | 6 Freisitz |
| 2 Eltern | 7 Tiefhof |
| 3 Kinder | 8 Wohnen |
| 4 Essen | 9 Kaminplatz |
| 5 Kochen | 10 Arbeitszimmer |

Galerie

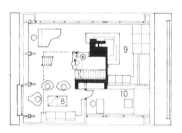

Obergeschoß

**1** Fassadendetail mit Schlafzimmerfenstern
**2** Freisitz mit kurzem Weg zu Küche und Hauseingangstür
**3** Nordfassade mit Eingang
**4** Treppenhaus vom Galeriegeschoß aus

Der Bauherr und seine Familie stellten an das geplante Wohnhaus folgende Anforderungen: Küche und Eßplatz sollten enge Beziehung zu Freisitz und Garten haben; außerdem sollte der Kinderspiel- und -arbeitsbereich von der Küche aus zu übersehen sein.
Demzufolge liegen im Erdgeschoß die Schlafräume mit Sanitärzellen und Kinderspielplatz sowie Küche und Eßplatz. Da die Bauvorschriften sowieso ein geneigtes Dach vorschrieben, bot sich an, den räumlich interessanten Dachraum für das große Wohnzimmer mit Kaminecke zu nutzen. Im zweiten Obergeschoß, sozusagen im Spitzboden, blieb noch Raum für eine Galerie mit dem Arbeitsplatz des Hausherrn.
Durch diese ungewöhnliche, aber sinnvolle Raumnutzung entstand ein dreidimensionales Raumgebilde mit interessanten Blickwinkeln und rustikalen

Erdgeschoß

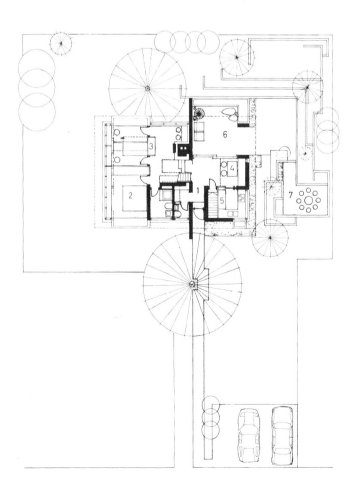

113

Details. Für den gesamten Innenausbau wurde naturbelassenes Fichtenholz als Massivholz oder Furnier verwendet. Weitere Materialien sind: Sisalteppichboden, rote Spaltklinker in Küche, WC und Bad sowie Sichtbeton. Die Fenster erhielten eine Isolierverglasung, jedoch keinen Sonnenschutz, da die tiefen Fensternischen ausreichend Schatten geben.

Das nur 580 qm große Grundstück bot noch Platz für zwei Gartenwohnräume: Der Tiefhof, nach Westen gelegen, hat einen Grillplatz und dient als Sonnenterrasse; der Freisitz am Haus in Küchennähe wird teilweise vom Obergeschoß überdeckt und ist so regen- und sonnengeschützt.

**5** Arbeitsplatz des Hausherrn auf der Galerie
**6** Blick vom 1. Obergeschoß zum Eßplatz im Erdgeschoß
**7** Wohnraum im 1. Obergeschoß. Durch das waagerechte Fenster neben dem Sitzbereich blickt man genau in den Garten

**8** Der Kaminblock aus Sichtbeton zusammen mit dem massiven Fichtenholz bringen kernige Athmosphäre
**9** Blick vom Kinderspielplatz zum Eßtisch

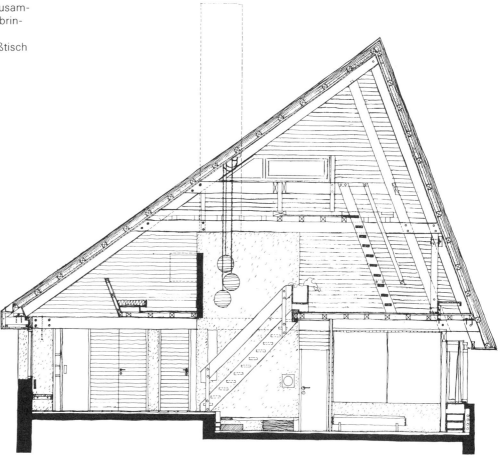

# Wohnhaus bei Reutlingen

Architekt: Wilfried Beck-Erlang, Stuttgart
Innenarchitektin: Helga Griese, Stuttgart

In der Nähe Reutlingens, auf einem Westhang, wurde dieses Wohnhaus für eine Familie mit drei Kindern – nach einem engeren Architekturwettbewerb – errichtet.

Die Hanglage ermöglichte es, Garagen, Kellerräume, eine kleine Einliegerwohnung und den Eingang ins Tiefgeschoß zu verlegen, so daß man von den beiden oberen Geschossen einen weiten Blick ins Neckartal genießt.

Im Wohngeschoß liegt der Wohnraum auf zwei Ebenen mit anschließendem Eßzimmer und Wirtschaftsräumen, sowie ein Schwimmbad mit Sauna. Wohnraum und Schwimmbad haben eine gemeinsame Terrasse, die von der Straße abgekehrt nach Süden orientiert ist. Die Öffnung des Hauses zu Garten und Freiräumen ist eines seiner hervorstechenden Merkmale; so gibt es neben der großen Wohnterrasse noch 5 Balkone und 2 Dachterrassen. Ein weiteres Merkmal ist das ausgeprägte Schieferdach, das über die Gebäudeplastik gestülpt erscheint.

1

2 3

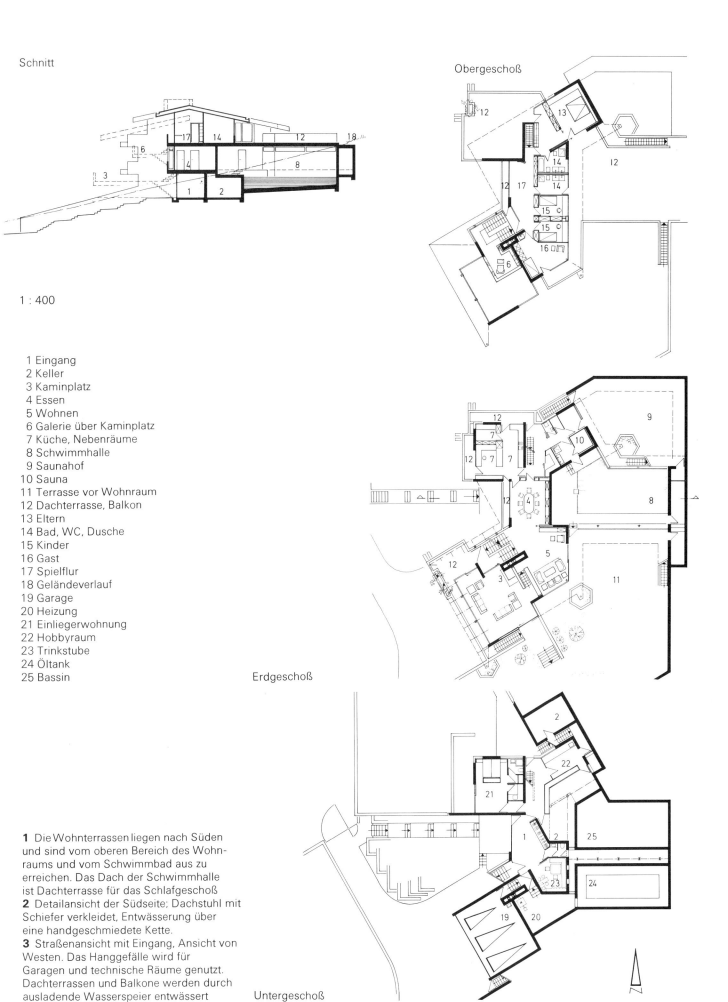

Schnitt

1 : 400

1 Eingang
2 Keller
3 Kaminplatz
4 Essen
5 Wohnen
6 Galerie über Kaminplatz
7 Küche, Nebenräume
8 Schwimmhalle
9 Saunahof
10 Sauna
11 Terrasse vor Wohnraum
12 Dachterrasse, Balkon
13 Eltern
14 Bad, WC, Dusche
15 Kinder
16 Gast
17 Spielflur
18 Geländeverlauf
19 Garage
20 Heizung
21 Einliegerwohnung
22 Hobbyraum
23 Trinkstube
24 Öltank
25 Bassin

Obergeschoß

Erdgeschoß

Untergeschoß

**1** Die Wohnterrassen liegen nach Süden und sind vom oberen Bereich des Wohnraums und vom Schwimmbad aus zu erreichen. Das Dach der Schwimmhalle ist Dachterrasse für das Schlafgeschoß
**2** Detailansicht der Südseite; Dachstuhl mit Schiefer verkleidet, Entwässerung über eine handgeschmiedete Kette.
**3** Straßenansicht mit Eingang, Ansicht von Westen. Das Hanggefälle wird für Garagen und technische Räume genutzt. Dachterrassen und Balkone werden durch ausladende Wasserspeier entwässert

4

5 6

**7**

Der schwarze Schiefer des Daches wiederholt sich bei den Bodenbelägen des Wohnbereichs; selbst die Treppenstufen haben einen Schieferbelag. Über dem Kamin liegt die offene Empore mit Bibliothek und Ruheplatz und eine halbe Treppe darüber der Schlaftrakt mit Kinderspielflur. Von allen Schlafräumen aus kann man die Dachterrasse über dem Schwimmbad betreten und von hier aus zur Wohnterrasse heruntersteigen, so daß die Bewohner einen großzügigen Freiraum nach Osten und Westen voll nutzen können.

**4** Eßplatz im Erdgeschoß
**5** Kaminplatz mit Differenzstufen zum oberen Niveau des Wohnraums
**6** Wohnraum mit offenem Kamin und Galerie, Balkenlage als Leimbinder, Kaminverkleidung aus violet emailliertem Blech
**7** Treppe zum Eßraum und dem oberen Wohnbereich, Treppengeländer schichtverleimtes Redwood
**8** Oberer Bereich im Wohnraum mit Sitzplatz, rechts der Treppenaufgang zur Galerie, Fußboden: Schiefer gespalten, Decke Rauhputz
**9** Galerie als Bibliothek

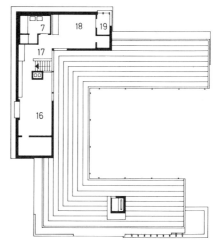

Obergeschoß 1 : 400

## Haus Sonnenberg

Architekt: E. Gisel, Zürich

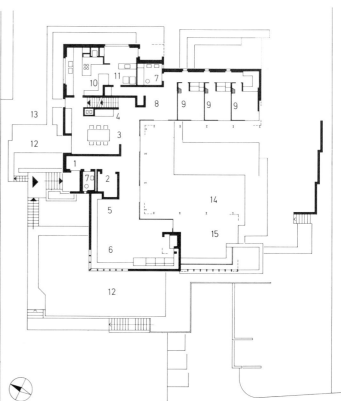

Erdgeschoß

1 Eingang
2 Garderobe
3 Essen
4 Grill
5 Bibliothek
6 Wohnen
7 Bad/WC
8 Kinderspielplatz
9 Kind
10 Kochen

11 Waschküche
12 Garten mit Sitzplatz
13 Küchengarten
14 gepflasterter Hof
15 Gartenhalle
16 Studio
17 Garderobe
18 Eltern
19 Balkon

Der schalungsrauhe Sichtbetonsockel birgt im zweiten Untergeschoß die Garage und im ersten Untergeschoß das Kellergeschoß mit einem Gastappartement, Sauna, Hobby- und Kellerräumen. Da zu der umliegenden Bebauung auch ein lautes Hotel gehört, wurde das Haus mit einem eher abweisenden kompakten Äußeren konzipiert. Das hufeisenförmige Erdgeschoß öffnet sich mit großen Glasschiebetüren zu dem südöstlich orientierten Innenhof. Küche und Wohnbereich, Kinderschlaftrakt und Spielraum liegen im Erdgeschoß, der Elternschlafraum mit Ankleide, Bad, Balkon und einem Studio im Galeriegeschoß. So sind die Privatzonen der Eltern und Kinder getrennt, wobei die Kinderzimmer direkten Zugang zum Innenhof haben.

In Verlängerung des Wohnraums deckt das Dach die Gartenhalle, einen Freiplatz mit Regen- und Sonnenschutz. Weitere nicht überdeckte Freiplätze sind im Garten: die nach Südwesten gelegene Sonnenterrasse vor dem Untergeschoß und ein westlicher Freisitzplatz neben dem Eingang. So bietet das Haus trotz seiner nach Innen gerichteten Anlage ein großzügiges Wohnen unter Einbeziehung des Innenhofes und des terrassierten Gartens.

**1** Auf dem Sockelgeschoß mit Garage und Keller sitzt das geneigte Dach mit Wohnbereich und Gartenhalle. Die äußeren steilen Flächen des Daches sind mit Eternit, die horizontal gestufte flache Dachfläche zum Innenhof ist mit Kupfer gedeckt
**2** Blick vom Wohnraum in den Innenhof
**3** Sitzplatz mit offenem Kamin
**4** Materialien des Innenausbaus sind: Douglaskiefer, natur belassen, hellgelbe Backsteinmauern und manganfarbener Klinker

**4**

# Wohnraum im Dach

Architekt: Prof. Max Bächer, Stuttgart
Gartenarchitekt: Hans Luz, Stuttgart

Um eine Verschmelzung von Bau und Landschaft zu erreichen, wurden die starken Höhenunterschiede des Geländes innerhalb des Gebäudes aufgenommen und fortgeführt. Es entstand ein Haus, dessen einzelne Raumgruppen auf verschiedenen zueinander versetzten Ebenen angeordnet sind. Die große, dem Neigungswinkel des Geländes entsprechende Dachform faßt

**1** Ansicht von der Straße mit Eingang und Garage
**2** Wohnraum mit Treppe und Galerie

1 : 400

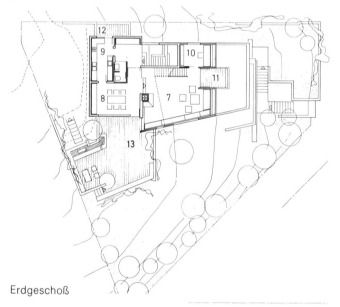

Erdgeschoß

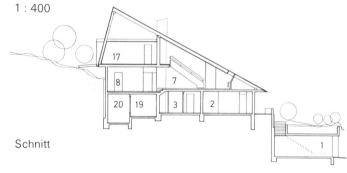

Schnitt

1 Garage
2 Einliegerwohnung
3 Gast
4 Keller
5 Wäscheabwurf
6 Waschküche
7 Wohnen
8 Essen
9 Kochen
10 Arbeitszimmer
11 Dachbalkon
12 Küchenbalkon
13 Terrasse
14 Damenzimmer
15 Bad
16 Ankleide
17 Schlafen
18 Galerie
19 Heizung
20 Öltank

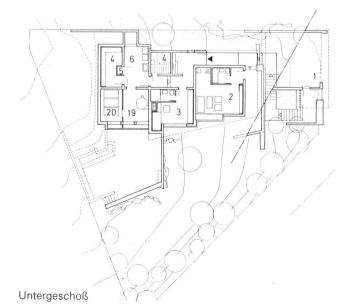

Untergeschoß

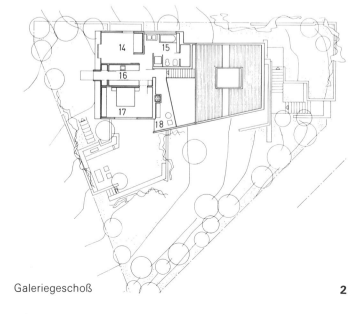

Galeriegeschoß

die einzelnen Ebenen zusammen. Im Innern gibt die Dachuntersicht dem Wohnbereich eine großzügige Höhe und ermöglicht zudem ein Galeriegeschoß. Die Fachwerkaußenwände und große Teile des Wohnbereichs sind mit Holz verschalt; die mit dem Boden verwachsen erscheinenden Sockelmauern sind aus Sichtbeton mit rauher Schalung und tragen damit die Holzstruktur als Negativbild. Zu den Materialien Sichtbeton und Redwood kommen schieferartig verlegte graphitgraue Asbestzementplatten als Dachdeckung hinzu.

**3** Holzverkleidete Giebelseite
**4** Der Wohnraum mit interessanter Lichtführung und Einbaumöbeln

**1** Durch das zurückgesetzte Terrassengeschoß erhält die Haube Leichtigkeit

**2** Durch seine dunkle Haube fügt sich der Baukörper trotz seiner dem Berg gegenläufigen Dachform in die Landschaft

## Wohn- und Geschäftshaus im Remstal

Architekten: Prof. Hans Kammerer und Prof. Walter Belz, Stuttgart; Mitarbeit: Udo Fenzer

3

Das Haus steht am Fuß eines steilen alten Weinberghangs am Ortsrand von Kleinheppach mit Blick über das Remstal.

Im Erdgeschoß liegen Büro- und Ausstellungsraum eines Kindermöbelgeschäftes und eine Doppelgarage mit Bootsliege.

Das in Sprüngen von halbgeschossigen Versätzen über eine offene Mitteltreppe gegliederte Haus hat auf der 2. Ebene, zum Berg hin, Wirtschaftsräume und Heizung, darüber, in einem Terrassengeschoß, eine offene Küche mit Eßbar sowie einen Mehrzweckraum mit Eßplatz. Ein weiteres halbes Geschoß höher liegen Elternschlafraum und Bad sowie der Kaminraum, auf der nächsten Ebene Fernsehplatz und Kinderschlafräume. Im Firstbereich ist eine offene Galerie als Kinderspielplatz.

Die Bergseiten des Gebäudes sind betoniert, alle übrigen Mauern sind aus

1 : 300

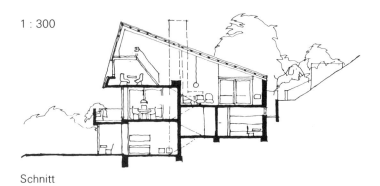

Schnitt

Obergeschoß              Dachgeschoß

Kalksandstein. Das weit heruntergezogene Dach ist eine Holzkonstruktion, gedeckt mit Eternitschiefer.
Kleine, intensiv gestaltete Gartenplätze an den Gebäudeseiten ergänzen als Freisitzplätze die Wohnbereiche.

**3** Blick vom Weinberg aus auf den Ort und ins Remstal
**4** Eßplatz im Terrassengeschoß
**5** Die offene Treppe verbindet die halbgeschossig versetzten Wohnebenen

1

## Landhaus in Greifensee

Architekt: Dr. Justus Dahinden, Zürich

Auf einem Hanggrundstück in lieblicher Landschaft und mit Blick auf Berge und See liegt dieses Landhaus in Greifensee. Der locker gegliederte niedrige Baukörper mit seinen gestaffelt kupfergedeckten Dächern fügt sich ausgezeichnet in die obstgartenähnliche Umgebung.
Auf der Nordseite des Hauses liegt eine kleine Wohnung mit separatem Eingang für die Bediensteten und daran anschließend die Wirtschaftsräume. Das Zentrum nimmt eine Wohnhalle ein, die mit großen Glasschiebetüren zum Innenhof zu öffnen ist. Nach Osten liegen die Schlafräume der Familie und nach Westen der große Wohnraum mit offenem Kamin. Dieser Wohnraum läßt sich durch 2 Schiebetüren unterteilen, so daß wahlweise separate Arbeits- und Speiseräume entstehen.

1 : 300

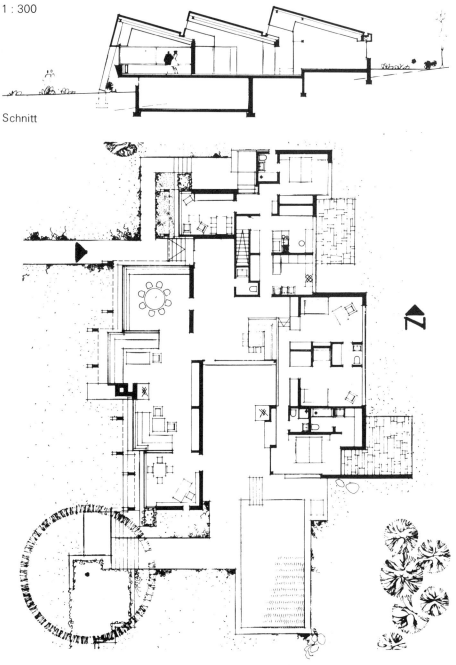

Schnitt

Erdgeschoß

**1** Eingangsfront mit Wohnraumfenstern. In der Mitte, vorspringend, und wie das Dach kupferverkleidet, der Kamin
**2** Der trotz südlicher Lage beschattete Atriumhof mit Schwimmbad. Die Verglasung des Hauses besteht aus wärmeisolierendem Grauverbundglas
**3** Das auf einem Sichtbetonsockel teils aus Holz und teils aus rotem Sichtmauerwerk errichtete Gebäude hat eine Kupferhaube als Dach
**4** Blick vom Speiseraum zum Kamin und das mit einer Schiebetür abzutrennende Arbeitszimmer. Decken und Wände sind holzvertäfelt, der Kamin aus Kupfer und Klinkern und der Fußboden teppichbelegt

2

3

4

Schnitt  1 : 300

# Wohnhaus unter drei Dächern

Architekten: Hornbostel und Brocke, Hannover und Lehrte

Weiträumig und repräsentativ wollte der Bauherr wohnen und so entstand auf einem großen Grundstück weitab der Verkehrsstraße dieses Wohnhaus aus drei Bautrakten. Im südlichen Teil liegt die Schwimmhalle, im mittleren die Sauna, Elternschlafraum mit Ankleide und Bad, Küche und Speisezimmer – sowie im Obergeschoß Kinder- und Gastzimmer. Das Dach des dritten Traktes überdeckt den Eingangsbereich, Wohnraum, Arbeitszimmer und die Kaminhalle mit ihren Glastüren zur Terrasse. Die beiden Kaminplätze, in der Wohnhalle und auf der Terrasse, werden von einer gemeinsamen Pergola überdeckt. Weiße Einbauschränke und Wände kontrastieren zu der mit Wengé verkleideten schrägen Dachuntersicht und dem geschliffenen Travertinboden der Wohnhalle.

Erdgeschoß

1 Windfang
2 Kochen
3 Essen
4 Halle
5 Wohnen
6 Arbeiten
7 Eltern
8 Bad
9 Sauna mit Vorraum
10 Schwimmbad
11 Fahrradraum
12 Außenkamin

**1**

**2**

**3**

**5**

**1** Ansicht von Süden. Unter dem Dach rechts ist die Schwimmhalle, in der Mitte die Terrasse mit Außenkamin
**2** Eingang
**3** Windfang mit Blick in die Wohnhalle
**4** Schwimmhalle
**5** Außenkamin
**6** Wohnhalle mit Blick zum Speisezimmer und in den Garten

**4**

**6**

131

## Reihenhäuser bei Leiden

Architekten: W. Snieder, H. Duyvendak und J. F. Bakker, Amsterdam

Die Reihenhäuser liegen auf einem schmalen Grundstück, das im Süden von einer Straße und im Norden von einem Kanal begrenzt ist. Die Gestaltung der Gesamtanlage verdeutlicht, daß Reihenhäuser, zumal auf kleinen Grundstücken, mehr Individualität ermöglichen können als Einzelhäuser. Die Gruppierung am Wasser verleiht ihr einen zusätzlichen Reiz.

Die Form der Häuser ergab sich aus der ungünstigen Lage zur Himmelsrichtung. Durch die versetzte Anordnung, z-förmige Grundrisse und die Form der Dächer entstanden zwei gegen Wind und Nachbareinblick geschützte Außenräume. Der rückseitig gelegene nördliche Hof bietet freien Ausblick und di-

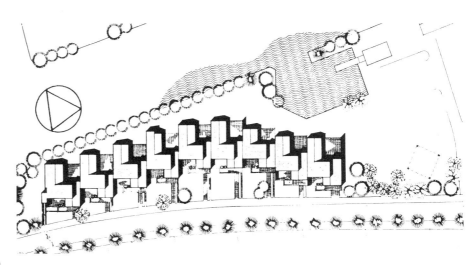

**1** Die Reihenhäuser vom Kanal aus gesehen
**2** Die Pult- und Satteldächer der Gesamtanlage geben ein lebhaftes, doch nicht unruhiges Bild
**3** Die zum Teil mit Zedernholz verkleideten und zum Teil in Ziegeln ausgeführten Wände unterstützten die kräftige Gliederung der Fassaden

Lageplan 1 : 2500

1 : 500

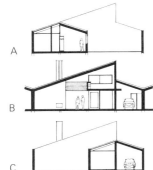

Schnitte

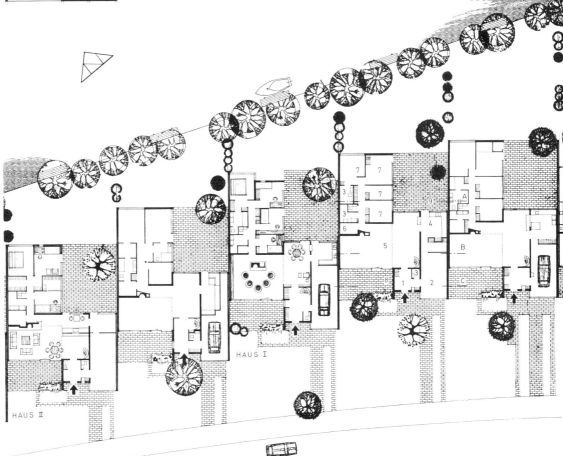

Grundrisse
1 Windfang
2 Garage
3 Bad, WC, Dusche
4 Kochen
5 Wohnen
6 Zentralheizung
7 Schlafen
8 Patio
9 Terrasse

4

5

6 7

rekten Zugang zum Kanal. Alle Räume liegen im Erdgeschoß, lediglich ein Arbeitsraum auf der offenen Galerie über dem Wohnraum.
Die flexible Einteilung des Schlaftraktes, des Eingangsbereiches und der Küche ermöglichte den Bewohnern eine weitgehende individuelle Raumnutzung (die Grundrisse zeigen drei verschiedene Möglichkeiten). Der Wohnraum wird von Süden und Norden und, über das Fenster der Galerie, auch von Osten belichtet.
Die Fundamente und die Bodenplatte der nicht unterkellerten Gebäude sind aus Beton, die tragenden Wände aus Ziegeln und die nichttragenden aus Leichtbausteinen. Die Außenwände sind zweischalig, die Trennwände zwischen den Häusern dreischalig ausgeführt. Das Dach ist eine Holzkonstruktion mit Eindeckung aus Bitumenschindeln.

8

Innenaufnahmen Haus 1
**4** Diele mit Blick zu den Wohnraumfenstern des südlichen Innenhofs
**5** Treppe zur Galerie
**6** Galerie mit Arbeitsplatz. Die Oberlichter sind so angeordnet, daß man durch sie nicht auf die Nachbargrundstücke sehen kann. Lediglich das Fenster zur Straße gestattet die Aussicht

Innenaufnahmen Haus 2
**7** Die Bewohner konnten neben verschiedenen Grundrißmöglichkeiten im Eingangs- und Schlaftrakt auch die Form der Kaminanlage wählen
**8** Blick zur Frühstücksecke und zum Eßplatz mit Raumtrenner

Innenaufnahmen Haus 3
**9 + 10** Wohnraum mit Sitzgruppe vor dem südlichen Innenhof

9

10

# SOS Kinderdorf Materborn

Architekt: Prof. Harald Deilmann, Münster
Mitarbeit: Peter Junglas
Ausführungsplanung: Dr. Toni Hermanns, Kleve
Mitarbeit: J. Reichelt

Dieses Dorf als Heimstätte für 140 umweltgeschädigte Kinder mit Gemeinschaftsanlagen und 16 Familienwohnhäusern ist so geplant, daß sich die bauliche Anlage zur Umwelt öffnet und zum Betreten einlädt. Die Häuser sind auf einem kleinen, topographisch vielgestaltig geformten Gelände eng aneinandergekettet und bilden durch Straßen und Plätze eine Ortschaft mit vielen Grünflächen, die in die freie Landschaft übergehen. Die geneigten Dachflächen sind dem Geländeverlauf angepaßt oder ihm entgegengestellt. Die Holzbalkendächer haben eine Flachziegeleindeckung, die Gesimsbänder sind aus Kupfer.

Das innen weißgeschlämmte Sichtmauerwerk erhielt außen eine Verblendung aus rotem Ziegel. So ergibt sich eine heitere und in die Landschaft eingebundene Anlage mit bewegter Silhouette.

**1** Ansicht von Süden
**2** Gesamtanlage des Dorfes von Südosten. In der Mitte und links Wohnhäuser mit Freiplätzen, rechts Dorfplatz mit Gemeinschaftsbauten
**3** Die gegeneinander versetzten Pultdächer, die Kleinteiligkeit der Materialien und die warmen Farben vertiefen die Dorfatmosphäre

1 : 300

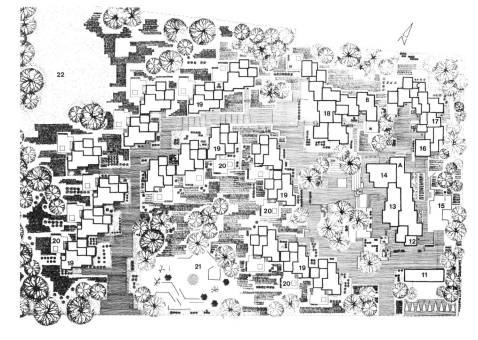

Schnitt

Lageplan 1 : 1600

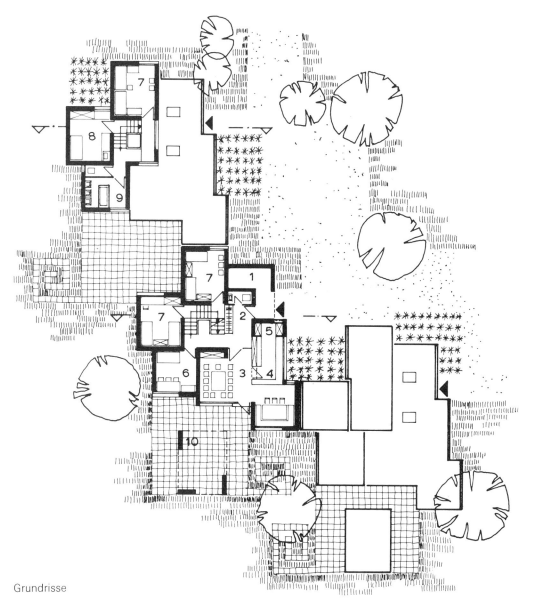

Grundrisse

1 Fahrrad- und Geräteraum
2 Vorraum mit Garderobe
3 Wohnen
4 Kochen
5 Speisekammer
6 Tantenzimmer
7 Schlafen
8 Mutterzimmer
9 Bad
10 überdeckter Freisitz
11 Garagen
12 Verwaltung
13 Kindergarten
14 Festräume
15 Sandspielplatz
16 Therapie
17 Appartements
18 Personalwohnhaus
19 Familienwohnhaus
20 Terrasse
21 Spielplatz
22 Sportplatz

**4** Treppenhaus
**5** Badezimmer
**6** Blick vom Eingang zum Wohnraum. Mit einfachen Materialien, weißgeschlämmtem Sichtmauerwerk, Spaltklinkerplatten und Naturholzeinbauten wurde eine robuste und doch wohnliche Umwelt geschaffen
**7** Wohnraum mit Eßplatz, Blick zur Garderobe und in die Küche. Um der betreuenden Mutter möglichst viel Zeit für ihre schwierigen, vielfältigen Aufgaben zu lassen, wurden die räumlichen Voraussetzungen für schnelle und problemlose Haushaltsführung geschaffen

Die einzelnen Häuser sollen das räumliche Umfeld schaffen, das jeweils acht bis neun Kinder mit der betreuenden „Mutter" zu einer „Familie" vereint. Dazu müssen die Wohnungen eine heitere Atmosphäre zeigen und Schutz und Geborgenheit bieten. Dies wurde unterstützt durch die Kleinteiligkeit der Gesamtanlage und die versetzten Dächer mit ihren von innen her sichtbaren Dachschrägen. Gemeinschaftsanlagen wie Mehrzwecksaal und Kindergarten, Dorfverwaltung und Personalwohnungen – mit dem Dorfplatz als Zentrum – sind als Bindeglied der Anschlußbebauung der Gemeinde Materborn zugeordnet.

7

# Wohnpark Sonnenberg

Projektierung: Dr. R. Wienands, Zürich
Realisierung: M. Höhn, Zürich

Um den noch unbekannten späteren Bewohnern die Identifikation zu erleichtern, ihnen ein Gefühl der Heimat und nicht nur der Behausung zu geben, wurden möglichst viele Wahlfreiheiten der Planung zugrundegelegt.
Die 27 Einfamilienhäuser sind in 4 Gruppen mit 5 Haustypen um drei Tiefgaragen mit Heizzentralen angeordnet. Vom Architekten wurde ein ordnender Rahmenentwurf für den Bebauungsplan wie auch für jedes Haus, für die Dach- und Fassadengestaltung bereitgestellt, der den Bewohnern für die endgültige Gestaltung weiten Spielraum ließ. Jedes Haus gehört zur Gruppe um einen gemeinsamen Wiesenstreifen, der an die Gärten anstößt, wie auch zur Nachbarschaftsgemeinschaft um einen der drei Straßenhöfe, – weiter zu einer wieder anders begrenzten Bebauung mit Tiefgarage und Heizzentrale. Die im Süden liegenden Spiel- und Sportflächen werden gemeinsam benutzt. So sind vielfältige Nachbarbeziehungen möglich.
Die versetzten Pult- und Satteldächer mit Neigungen von 18° und 26° erinnern an die harmonische Unordnung eines

1  2

**1** Ansicht von Norden
**2** Blick auf den östlichen Teil des Wohnparks Sonnenberg in Dübendorf bei Zürich
**3** Terrasse Haustyp A
**4 + 5** Kamin und Treppenanlage Haustyp A

3

4    5

Haustyp A 1 : 400

Schnitt

2. Obergeschoß

1. Obergeschoß

Erdgeschoß

1 Gast
2 Kind
3 Eltern
4 Abstellraum
5 Bad, WC
6 Eingang
7 Kochen
8 Essen
9 Wohnen
10 Wirtschaften
11 Waschküche
12 Terrasse
13 Tiefgarage

141

**6**

**7**

**8**

**6** Terrasse mit Außenkamin und Garten Haustyp B
**7** Innenkamin Haustyp B
**8** Treppenanlage mit Blick zum Eßplatz und in die Küche Haustyp B

Haustyp B 1 : 400

1 Gast
2 Eltern
3 Balkon
4 Abstellraum
5 Bad, WC
6 Eingang
7 Kind
8 offener Kamin
9 Terrasse
10 Keller

Schnitt

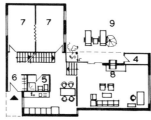

Erdgeschoß

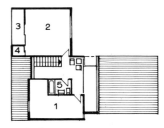

Obergeschoß

142

Haustyp E 1 : 400

Schnitt

| Grundriß | 6 Flur |
| 1 Eingang | 7 Kind |
| 2 Eßdiele | 8 Eltern |
| 3 Wohnen | 9 Bad, WC |
| 4 offener Kamin | 10 Terrasse |
| 5 Kochen | 11 Keller |

**10**

**9**

**9** Blick zum Eingang eines Hauses Typ E
**10** Terrasse Haustyp E
**11** Wohnraum in Haustyp E

**11**

Haufendorfes. Der jedem Haus zugeordnete Garten ist vor Lärm- und Sichtbelästigung geschützt, indem zum Teil die Außenmauern der Nachbargebäude als Gartenmauern verwendet wurden. Die Gebäude sind meist Winkelhäuser, die sich nach Süden öffnen. Da das Gelände nach Süden leicht abgesenkt ist, erhielten auch die nördlichen Häuser freie Aussicht.

Wie in der Gesamtanlage wurde auch im Einzelhaus öffentlicher und privater Bereich getrennt: Die Privaträume sind groß genug, um mehrere Nutzungsmöglichkeiten zu gestatten. Der Allgemeinbereich umfaßt den großen Wohnraum mit Eßplatz und meist offener Küche sowie die Treppenanlage. Da die verschalten Dachuntersichten überall sichtbar sind, ergeben sich großzügige Räume, reizvolle Raumfolgen und -durchblicke.

## Terrassenhaus in Visp

Architekt: André M. Studer, Zürich

Mit ständig wechselnden Beziehungen zwischen Haus und Freiraum bietet dieses sich einem Nordhang anschmiegende Terrassenhaus seinen Bewohnern individuelles Wohnen. In konventioneller Bauweise hätte dieses Gebäude mit vierzehn Wohneinheiten in Größen zwischen Zwei- und Fünfzimmerwohnungen einen massigen Baukörper ergeben. Entgegen den Vorschriften gelang es zum Glück, für diesen großzügigen Entwurf eine Baugenehmigung zu erhalten. Es bietet folgenden Komfort: Garten oder Terrassen und Balkone für jede Wohnung, einen gemeinsamen Tiefkühlraum mit 500 l Anteil je Mieter, Kellerräume und Garagen, Luftschutzraum, Aufzug und eine kombinierte Fußboden-Deckenheizung.

Die Schlafräume sind nach Osten, die Wohnräume nach Westen und – durch ein zusätzliches Oberlicht – nach Süden orientiert.

Die Gestaltung des Komplexes zeigt eine klare und doch vielfältige Gliederung ohne modische Zutaten, die dem Wunsch nach individuellem Wohnen entspricht.

1 : 500

Schnitt

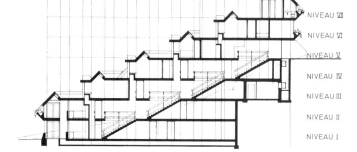

Grundriß Niveau VII

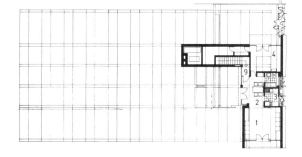

Grundriß Niveau V
Eingangsebene
1 Wohnen
2 Essen
3 Kochen
4 Schlafen
5 Dachterrasse
6 Eingang ins Haus
7 Garage
8 Eingang Wohnung 11
9 Engang Wohnung 14

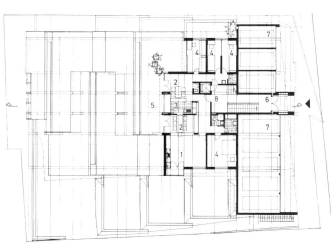

**1** Auf sieben Niveaus liegen die Wohnungen des Terrassenhauses
**2** Eingang und Garagen liegen bergseitig auf dem fünften Niveau

**3** Nordostseite
**4** Wohnraum vom obersten Geschoß
**5** Fußpunkt
**6** Wohnraum im Eingangsgeschoß. Die Materialien des Innenausbaus sind: verputztes Mauerwerk, Holz und glasierte Tonplatten über der Fußbodenheizung. Das schrägliegende Oberlicht läßt die Südsonne in den Wohnraum

145

1

3

## Wohnung über zwei Geschosse

Architekten: Planungsgruppe A. C. Walter, Frankfurt

Lageplan

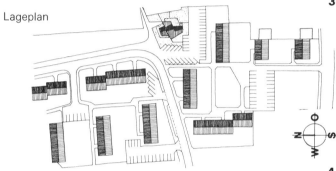

2

4

146

Die verhältnismäßig freie Lage des Grundstücks am Knick einer Straße bot den Architekten die Möglichkeit, das Haus als Drehpunkt, als Dominante der umliegenden Bebauung zu gestalten. Ursprünglich war für dieses Grundstück ein dreigeschossiges Gebäude mit 9 Wohnungen und einem Satteldach von 30° vorgesehen.

Der Wunsch, attraktive und damit langfristig vermietbare Wohnungen zu erhalten, führte zur Mischung verschiedener Wohnungsgrößen und Büroeinheiten. Unter Ausnutzung der natürlichen Gefällesituation wurde das Gebäude im Innern – der Höhe nach – um einen Meter versetzt. Die Grundrisse haben fließende Raumfolgen. Die einzelnen Bereiche sind durch Schiebewände abtrennbar. Bei den größeren Wohnungen wurde außerdem berücksichtigt, daß eine Nutzungsänderung für unterschiedliche Familiengrößen oder bei stark veränderten Lebensgewohnheiten möglich wird. Das Gebäude ist aus Kalksandsteinmauerwerk in Verbindung mit Sichtbetonteilen ausgeführt. Das Dachgeschoß ist ein Holzsparrendach mit Eternitschieferdeckung und innenseitiger Holzverschalung. Vorgestellt wird die Sechs-Zimmer-Wohnung des Hauses. Sie nimmt einen Teil des zweiten Obergeschosses und das gesamte Dachgeschgeschoß ein. Auf dem unteren Niveau sind Schlafräume und Küche, sowie der offene Wohnraum, der über eine Treppe mit der Galerie im Dachgeschoß verbunden ist. Das Dachgeschoß mit seinen Dachterrassen und großem Arbeitsraum kann auch direkt vom allgemeinen Treppenhaus aus erreicht werden.

Wechselnde Winkel in Grund- und Aufriß und die unterschiedlichen Raumhöhen und Ausblicke steigern das Wohnerlebnis.

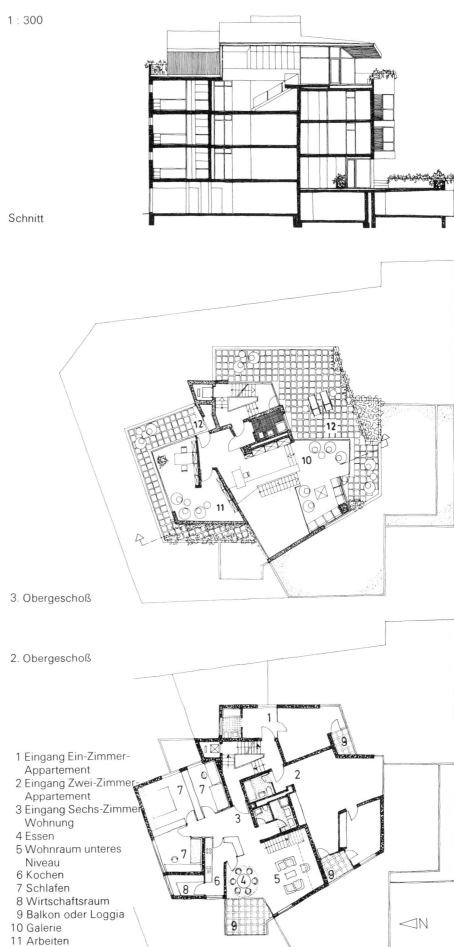

1 : 300

Schnitt

3. Obergeschoß

2. Obergeschoß

**1** Ansicht von Süden. Der eigenwillige Dachaufbau hat die geforderte Dachneigung von 30°. Im Untergeschoß des Hauses sind Büro und Kellerräume, in den Wohngeschossen Ein-, Zwei-, Drei- und Vier-Zimmer-Wohnungen sowie die Maisonette Wohnung mit sechs Zimmern
**2** Dachterrasse vor der Galerie
**3** Zweigeschossiger Wohnraum. Weißgeschlämmtes Sichtmauerwerk, Naturholz, weiße Kunststoffoberflächen der Möbeleinbauten und der braune Steinboden steigern durch ihre Kontraste in Farbe und Oberfläche den Raumeindruck
**4** Blick von der Galerie auf den Eßplatz mit vorgelagerter Dachterrasse

1 Eingang Ein-Zimmer-Appartement
2 Eingang Zwei-Zimmer-Appartement
3 Eingang Sechs-Zimmer-Wohnung
4 Essen
5 Wohnraum unteres Niveau
6 Kochen
7 Schlafen
8 Wirtschaftsraum
9 Balkon oder Loggia
10 Galerie
11 Arbeiten
12 Dachterrasse

# Mehrfamilienhaus in Emmendingen

Architekt: Karlheinz Boch, Emmendingen

Da auch hier, wie so oft bei freistehenden Gebäuden, durch Nachbareinblick der unbeeinträchtigte Gebrauch des Gartens verhindert wird, hat der Architekt die Konsequenz gezogen und als Ersatz für einen Garten kleine und größere Wohnterrassen in den Baukörper eingefügt. Hierdurch erhalten alle Wohnungen luftige Freiräume und das Gebäude zusätzlich aufgelockerte Fassaden, die durch bepflanzte Blumentröge noch an Farbe und Leben gewinnen. Die Plastik des Baukörpers wird noch gesteigert durch das Relief des Grundstücksverlaufs. Abtreppungen und Tiefhöhe ermöglichen eine volle Belichtung des Untergeschosses, in dem neben Schwimmbad und Kellerräumen noch das Büro des Architekten liegt.

Das in traditionellem Mauerwerksbau in Schottenbauweise aus Kalksandstein und Sichtbeton errichtete Gebäude hat eine Dachkonstruktion aus Holz mit Fulguritschieferdeckung und Fensterelemente aus braun imprägniertem Kiefernholz.

Die Planung wurde erschwert durch die Vorschriften des Bebauungsplanes, der Dachform und -neigung, Traufenhöhe und Bauflucht festlegte. Hinsichtlich der Nutzung des Untergeschosses als Büro konnte ein Ermessensspielraum der Bauaufsichtsbehörde ausgeschöpft werden. Das Gebäude hat sieben Wohnungen unterschiedlicher Größe. Die gezeigte Maisonette-Wohnung des Architekten liegt im Ober- und Dachgeschoß des Hauses.

**1** Südfassade
**2** Wohnraum auf der unteren Ebene der Wohnung. Die Fensterbänder lassen von Osten und Süden Licht in den Wohnraum
**3** Galerie mit darunterliegender Küche

**1**

2
3

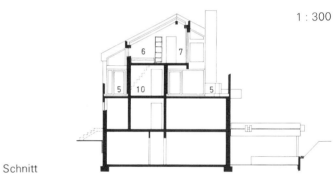

1 : 300

Schnitt

Obergeschoß

Dachgeschoß

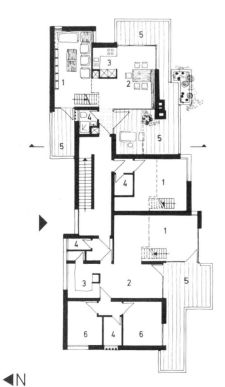
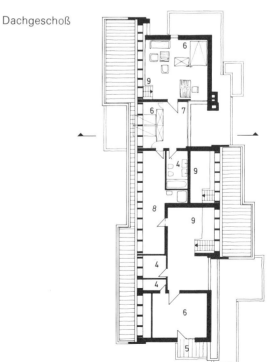

1 Wohnen
2 Essen
3 Kochen
4 WC, Bad
5 Terrasse, Balkon
6 Schlafen
7 Spielflur
8 Vielzweckraum
9 Galerie

◀N

149

**4** Blick vom Eßplatz auf die teilweise überdeckte Wohnterrasse
**5** Giebel der Maisonette-Wohnung des Architekten
**6** Küche. Der im ganzen Wohngeschoß einheitlich verlegte braune Keramikboden ist weder pflegeintensiv noch fußkalt, da er über einer Fußbodenheizung liegt

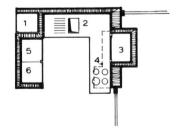

Grundriß Küche 1 : 100
1 Besenschrank
2 Arbeitsplatte
3 Backofen
4 Dunstabzugshaube
5 Tiefkühlschrank, darüber Geschirrspülmaschine
6 Kühlschrank

# Eigentumswohnungen in München-Pasing

Architekten: Gottberg, Allers und Partner, München

Der Bebauungsplan schrieb eine zweigeschossige Bebauung vor. Durch Dispenz konnte jedoch auch ein Teil des Untergeschosses und des Daches als Wohnraum verwendet werden.
So entstand dieses Haus mit acht auf mehreren Niveaus liegenden Eigentumswohnungen. Fünf von ihnen, im Souterrain und Erdgeschoß gelegen, haben einen Tiefhof auf der Südwestseite – nach diesen Terrassen heißt das Bauvorhaben „Sonnengrubenhaus".
Die beiden äußeren der oberen Maisonette-Wohnungen, von denen eine hier gezeigt wird, liegen auf drei Ebenen. Auf der unteren Eingang, Küche und Schlafräume mit Bädern, Wohnraum mit Terrasse um vier Stufen höher auf der mittleren und die Galerie unter dem Dachfirst auf der obersten Ebene. Die Galerie hat einen offenen Kamin, eine Dachterrasse und einen Nebenraum. Alle Dachterrassen sind gegen Einblick geschützt.

**1** Der durch Vor- und Rücksprünge plastisch gegliederte Baukörper erhält zusätzlich Ausdruck durch den Gegensatz zwischen den weißverputzten Wänden und dem anthrazitfarbenen Eternitschiefer, der teilweise bis weit über die Fassade heruntergezogen wurde. Die Südwestseite mit den Tiefhöfen
**2** Eingangsfassade auf der Nordostseite
**3** Südostfassade

4

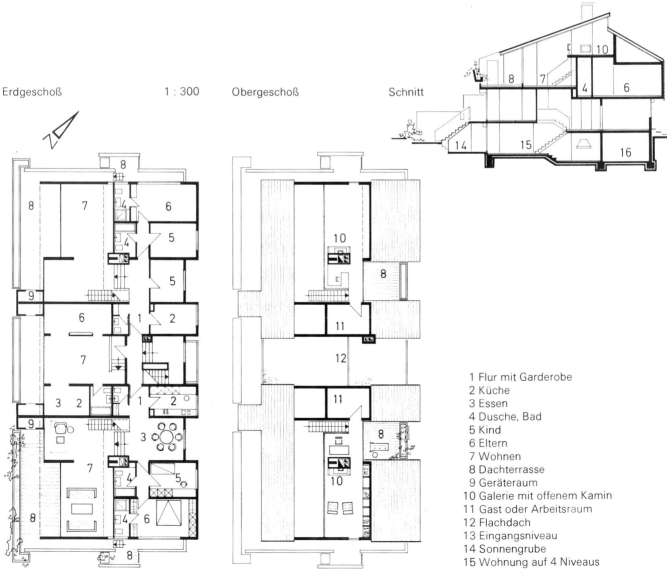

Erdgeschoß     1 : 300     Obergeschoß     Schnitt

1 Flur mit Garderobe
2 Küche
3 Essen
4 Dusche, Bad
5 Kind
6 Eltern
7 Wohnen
8 Dachterrasse
9 Geräteraum
10 Galerie mit offenem Kamin
11 Gast oder Arbeitsraum
12 Flachdach
13 Eingangsniveau
14 Sonnengrube
15 Wohnung auf 4 Niveaus

Der Bau ermöglichte Aufteilungsvarianten im Bereich aller Wände, von den Schotten-Tragwänden abgesehen. Die Besitzer nutzten diese Möglichkeit. Das Haus erhielt einen außenseitigen Wärmeschutz und wird durch eine von der Außentemperatur abhängig gesteuerte Fußbodenheizung versorgt.

**4** Blick vom Eingangsniveau zum Wohnraum
**5** Treppe zwischen Wohnraum und Galerie. Die Wohnräume haben textilen Bodenbelag und verschalte Deckenuntersichten. Treppe, Brüstung und die Fenster sind ebenfalls aus Holz
**6** Wohnraum, links Galerie

## Wohnung mit Empore

Architekt: Hans-Michael Krämer, Stuttgart

In einem Mehrfamilienhaus in Mühlhausen wurde das Dachgeschoß zu einer vollständigen Wohnung auf zwei Ebenen ausgebaut. Da im Wohnraum die Decke gleich Dachuntersicht ist, reichte die Raumhöhe aus, um unter dem First eine zusätzliche Leseempore einzubauen.

Die Materialien des Innenausbaus sind helles Holz – vornehmlich als Verbretterung der Decken –, dunkel gebeiztes Holz der Trägerkonstruktion, weißer Strukturputz und Schiefer als Bodenplatten. Durch diese Farbkomposition in hellen und dunklen Naturtönen wirkt die Wohnung kontrastreich und doch angenehm ruhig.

**1** Wohnraum mit offenem Kamin, Eßbar und Lese-Empore
**2** Blick vom Wohnraum zum Spielflur mit der Tür zum Elternschlafraum. Die Bar aus weißem Kunststoff und Palisander liegt vor der Küche und kann sowohl als Frühstücksplatz als auch als Bar benützt werden
**3** Die gegen Wind und Einblick geschützte Dachterrasse erhielt wie der Wohnbereich Schieferplatten als Bodenbelag

**4** Außenansicht
**5** Lese-Empore mit Teppichboden und einem Blumentrog an der Brüstung zum Sitzbereich
**6** Rechts Sitzplatz am Kamin, Deckenuntersicht der Leseempore, links Eßplatz

**4**

1 : 300

Schnitt

Empore

Dachgeschoß

1 Garderobe
2 Bad, WC
3 Kind
4 Spielflur
5 Eltern
6 Ankleide
7 Dachterrasse
8 Kochen
9 Eßbar
10 offener Kamin
11 Essen
12 Lese-Empore
13 Abstellraum

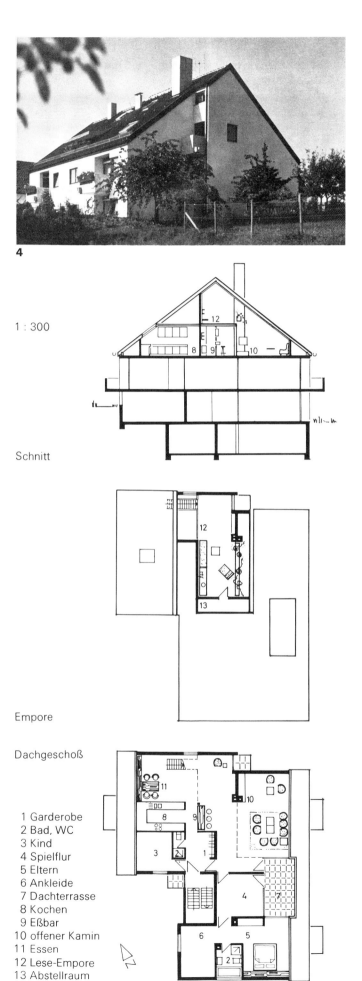

**5**

**6**

155

# Maisonette-Wohnung

Architekt: Prof. Werner Luz, Stuttgart

Das Wohngebiet der dreißiger Jahre, in dem dieses Haus 1963 errichtet wurde, hatte alle negativen Eigenschaften einer zwei- bis dreigeschossigen „Einfamilienhaus"-Bebauung.
Zudem verlangte die Genehmigungsbehörde ein Satteldach mit 40° Neigung entsprechend der Nachbarbebauung und die Einhaltung der Fundamente eines im Krieg zerstörten Hauses. Der Bauherr forderte außer seiner eigenen Wohnung eine vermietbare Wohnung mit Praxisräumen im Erdgeschoß. Entgegen den üblichen Lösungen, bei denen der Hauseigentümer die „belle-étage" für seine Wohnung bevorzugt, war es hier möglich, durch Einbeziehung des Daches ein ausgesprochenes „Einfamilienhaus" den beiden unteren Geschossen überzustülpen. Wegen des Nachbareinblicks und des geringen Grenzabstandes von 2,50 m war eine sinnvolle Gartennutzung ohnehin nicht möglich. So gab eine Konzentration auf das Innere der Aufgabe ihren Reiz.
Die Orientierung der Wohnung erfolgte nach den Giebelseiten, die Nachbarseiten erhielten nur wenig Fenster. Die Grundrisse und die Raumfolgen der Maisonette-Wohnung des Bauherrn entsprechen der unkonventionellen Lösung der Bauaufgabe. Eingang vom allgemeinen Treppenhaus: Küche, Eßplatz und zwei Kinderzimmer liegen auf dem unteren Niveau, im zweiten Obergeschoß des Hauses, – Wohnraum mit Dachterrasse und der Elternschlafbereich auf dem oberen Niveau, also im dritten Obergeschoß. Eine interne Treppe verbindet beide Ebenen.

1 Eingang
2 Kochen
3 Frühstückstheke
4 Essen
5 Terrasse
6 Kinder
7 Brausebad
9 interne Treppe
10 Wohnen
11 Giebel-Terrasse
12 Arbeiten
13 Eltern
14 Umkleiden
15 Elternbad

**1** Giebelseite, Wohnung mit 2 Geschossen: Wohngeschoß mit Terrasse im Giebelfeld (2. OG), Eingang, Eßplatz und Kinderzimmer (1. OG)
**2** Interne Treppe vom 1. ins 2. Obergeschoß, Blick in ein Kinderzimmer
**3** Kaminplatz im Wohnraum
**4** Blick von der Giebelterrasse auf Sitzplatz, interne Treppe und in den Elternschlafraum (2. OG)

2

3

4

157

1

2

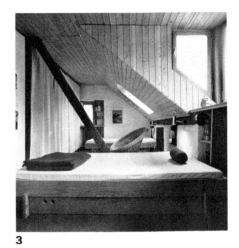
3

## Dachgeschoßwohnung in Lemgo

Architekt: Erhard Bauer, Firma Planen + Bauen, Lemgo GmbH

4

5

Aus einem alten Dachboden wurde durch Eigenarbeit der Bauherren und ihrer Freunde diese zweigeschossige Wohnung geschaffen. Einige Wände und Balken wurden entfernt, der versottete Schornstein repariert, das Dach neu gedeckt und isoliert, Fenster und Türen neu gesetzt. Zu den ca. 95 qm Grundfläche wurden durch Einziehen einer Zwischendecke noch einmal 40 qm für einen Arbeitsplatz auf der Galerie und ein weiteres Schlafzimmer gewonnen. Der ebenfalls nachträglich angelegte windgeschützte Freisitz ist ein idealer Sonnen- und Kinderspielplatz mit weiter Aussicht auf die Dächer der alten Hansestadt Lemgo mit ihren Türmen und Mauern.

**1** Giebel mit Fenster am Arbeitsplatz
**2** Balkon
**3** Großer Schlafraum. Kleine Regaleinbauten und Fenster in der Giebelwand und den Dachgauben geben dem Schlafraum eine wohnliche Atmosphäre
**4** Blick vom Koch- und Eßplatz zum Wohnbereich. Links der Eingang vom Treppenhaus, rechts die Tür ins kleine Schlafzimmer
**5** Galerie über dem Koch-/Eßbereich mit Arbeitsplatz des Hausherrn

1 Eingang
2 Kochen
3 Essen
4 Wohnen
5 kleiner Schlafraum
6 großer Schlafraum
7 Bad
8 Freisitz

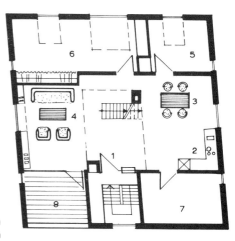

Grundriß 1 : 200

159

**1**

## Dachgeschoßwohnung in Schwabing

Architekten: Gottberg, Allers und Partner, München

Nach Besitzwechsel im Jahr 1969 wurde dieses bürgerliche Wohnhaus aus dem Jahr 1898 umfassend saniert. Es bekam eine Zentralheizung mit Warmwasserversorgung, einen Lift und Bäder, die Fenster wurden erneuert und die Fassade renoviert. Der bisher ungenutzte Speicher in einem Seitenflügel wurde zu einer Wohnung auf zwei Ebenen ausgebaut. Das konstruktive Gerüst des Dachbodens blieb dabei weitgehend erhalten. Durch Veränderung der Kehlbalkenlage konnte eine offene Galerie und durch Einschnitt in der Dachfläche eine teilweise überdeckte Dachterrasse gewonnen werden, so daß die Wohnung großzügig und weiträumig gestaltet werden konnte.

Zwei Kamine wurden abgerissen, an den dritten die offene Feuerstelle angeschlossen. Der Ausbau des Dachbodens erfolgte während des Winters in Trockenbauweise.

Zu der naturbelassenen Fichtenschalung der Dachuntersicht wurde auf dem unteren Niveau ein Bodenbelag aus weißem Glasmosaik und auf der Galerie ein Textilbelag verlegt; die Dachterrasse erhielt einen Belag aus grobem Isarkies und Holzroste im Sitzbereich.

Gegen die dunkel imprägnierten konstruktiven Hölzer und die naturfarbenen Holzverkleidungen und -einbauten sind bewußt das Weiß der Fußböden und Wände sowie das kräftige Rot der Polstermöbel gesetzt, so daß kein historisierender sondern ein moderner Raumeindruck entsteht.

**1** Wohnraum mit Verglasung zur Terrasse
**2** Die Galerie mit Arbeitsplatz und einem zusätzlichen Schlafraum
**3** Blick von der Diele in den Wohnraum
**4** Treppe zur Galerie. Rechts der offene Kamin

1 : 200

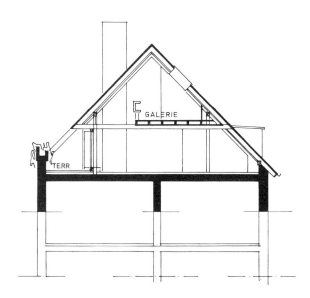

Schnitt

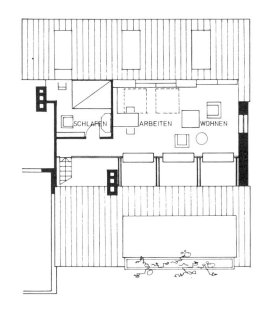

Galerie

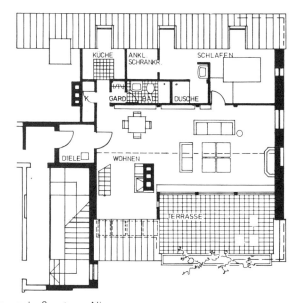

Dachgeschoß unteres Niveau

2

3

4

1

2

## Wohnung im Dachstuhl

Architekten: Karl-Friedrich Gehse und
Detlef Grüneke, Bochum und Dortmund

Die beiden unteren Geschosse eines alten Bauernhauses in Westfalen wurden zur Werkstatt und zum Ausstellungsraum eines jungen Bildhauerehepaares, der ehemalige Heuboden zum Wohngeschoß.
Bauherren und Architekten waren sich darin einig, daß an dem alten Gebäude möglichst wenig verändert werden sollte. So entstand durch Renovierung und Umbau im Dachgeschoß diese originelle Wohnung. Mittelpunkt und Zentrum des Wohnraums ist die Kaminplastik. Sie besteht aus zwei übereinandergreifenden Blöcken und wurde von dem Hausherrn, Hanspeter Lechner, entworfen und ausgeführt. Im unteren Teil des Wohnraums, noch um zwei Stufen in den Boden versenkt, liegt die mit Kies gefüllte Sitzkuhle um das offene Feuer des Kamins. Der Kamin heizt die Wohnung nach dem Kachelofenprinzip den größten Teil des Jahres mit Warmluft. Bei Bedarf kann eine Gaszentralheizung zugeschaltet werden.
Durch seinen Kaminblock, den Niveauunterschied des Fußbodens und die beiden Hochsitze – zwei kleine, über Leitern zu besteigende Emporen direkt unter dem First des gewaltigen Daches –, wurde der ganze Dachstuhl zu einer bewohnten Raum-Plastik.

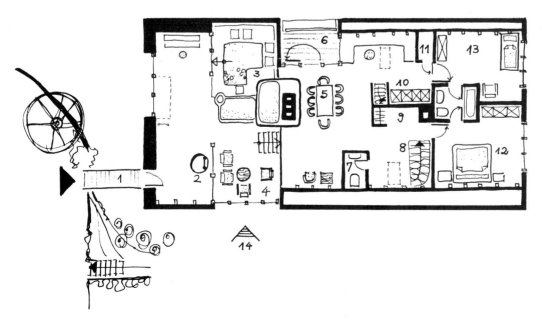

Dachgeschoß 1 : 200

1 Eingangssteg
2 Leiter zum Erdgeschoß
3 offener Kamin
4 Sitzgruppe
5 Essen
6 Freisitz
7 WC
8 Aufgang vom Erdgeschoß, mit Falltür verschlossen
9 Garderobe
10 Kochen
11 Besenkammer
12 Eltern
13 Kind
14 Eingang Erdgeschoß

**1** Durch das in leuchtendem Rot gezeichnete Scheunentor betritt man die Werkstatt. Vor hier aus führen eine Treppe und eine Leiter zum Wohngeschoß unterm Dach. Man kann den Wohnraum jedoch auch direkt von außen, über den Laufsteg links im Bild, betreten
**2** Laufsteg vom Wohnraum zum Gelände
**3** Wohnraum mit Kaminblock und Treppe zwischen oberem und unterem Niveau

**4** Giebelwand im Kinderzimmer
**5** Leiter zwischen Wohngeschoß und Werkstatt
**6** Kaminblock mit Öffnungen für Warm- und Kaltluft
**7** Mit seinen Liegeflächen erinnert der Kamin an russische Öfen
**8** Das dreieckige Fenster der Küche führt auf den Freisitz neben dem Eßplatz

# Wohnhaus mit Floßrecht

Architekt: Hans Hofbauer, Landshut an der Isar

**1** Unter dem mit Holzlamellen verkleideten Giebelfenster des Appartements der Wagenabstellplatz unter einem separaten Dach
**2** Blick ins Bad
**3** Junggesellenküche
**4** Das raumbestimmende Gebälk steht als Kontrast zu den einfachen Materialien des Ausbaus

Das unter Denkmalschutz gestellte Haus liegt an einer schmalen Fußgängerzone am Ufer der Isar, in völlig staub- und fast lärmfreier Lage. Täglich gehen hier Hunderte von Bürgern vorbei zu der nur etwa 100 m weiter beginnenden City.
Diese ideale Wohnsituation erhält einen besonderen Reiz durch ein ‚Floßrecht' auf der Isar, das beim Kauf des Hauses mit übernommen werden konnte und den Bewohnern in Gestalt eines Floßes eine Sonnen- und Badeterrasse direkt auf dem Fluß sichert.
Das Gebäude, ehemals Stadtwache an der Stadtmauer von Landshut, wurde 1814 zu einem Schlachthaus vergrößert, diente dann als Lagerhalle, wurde 1950 von seinem jetzigen Besitzer erworben und zu einem Büro-Wohnhaus umgebaut.
Durch Einziehen einer Geschoßdecke und durch den Ausbau des Dachgeschosses entstand ein großräumiger Wohnbereich, der z. Z. von einer Familie benützt wird aber jederzeit in zwei separate Wohnungen und zwei Appartements unterteilt werden kann.
Die beiden Dachgeschoßappartements haben Raumhöhen bis zum Giebel. Das Dachgebälk, mit einem Balken von 15 m Länge und einem Querschnitt von 32/52 aus dem Jahre 1814, wurde zum raumbildenden Element und erforderte besondere Überlegungen bezüglich des Innenausbaus und der Möblierung. Der Architekt verwendete weißen Mörtelputz, naturfarbene Teppiche und Naturhölzer, hauptsächlich Eiche, als zurückhaltenden Rahmen für die antiken Möbel. In der Mitte zwischen beiden Appartements wurde ein Sanitärblock angeordnet, der je eine Junggesellenküche und ein Bad mit WC enthält. Im Spitzboden darüber ist, über eine Leiter zu erreichen, ein zusätzlicher Stauraum.

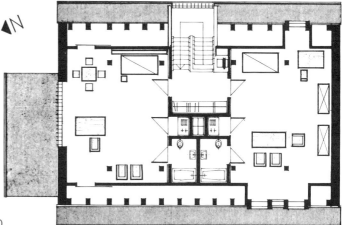

Dachgeschoß 1 : 200

3

4

# Fotonachweis

S. 9: Jaffe, New York; S. 10: Wienands, Zürich; S. 11: Swissair-Photo AG, Zürich; Morf, Zürich; S. 14: Steppe, Landshut; S. 16–18: Maurer, Zürich; Glaus, Allemann + Partner, Zürich; S. 19–21: Herzog-Loibl; Neubert, München; S. 22–25: Teigens, Oslo; S. 26: Braas & Co. GmbH; S. 27: Braas & Co. GmbH; Berties, Heide; S. 28/29: Maurer, Zürich; S. 32/33: Ehmann, Köln; S. 34/35: Maurer, Zürich; S. 36/37: Maris; S. 38/39: Deyhle, Rottenburg; S. 40/41: Reens, New York; S. 42–45: Bragstad, San Francisco; S. 48/49: Bragstad, San Francisco; S. 50/51: Namuth; S. 52–54: Brecht-Einzig Ltd., London; S. 55: Intagfoto, Campione; S. 56/57: Brecht-Einzig Ltd., London; S. 58–60: Rosenberg, Einsiedeln; S. 61–63: Kaiser, Viersen; S. 64: Kinold, München; S. 65: Wiethüchter, Bad Oeynhausen; S. 66/67: Matthias, Locham/München; S. 68–74: Brecht-Einzig Ltd., London; S. 78–81: Küenzi, Bern; S. 82/83: Neubert, München; S. 84/85: Götz, Stuttgart; S. 88–90: Publicam, Hilversum; S. 91–93: Ohashi, Tohio; S. 94–97: Intagfoto, Campione; S. 98–101: Maris; S. 102/103: Kinold, München; S. 104–107: Mau, Hamburg; S. 108–115: Brecht-Einzig Ltd., London; S. 116–119: Götz, Stuttgart; S. 120/121: Maurer, Zürich; S. 122-124: Planck, Stuttgart; S. 125–127: Walser, Neustadt; S. 128/129: Brecht-Einzig Ltd., London; S. 130/131: Intagfoto, Campione; S. 132–135: Ten Broek, Amsterdam; S. 136–139: Intagfoto, Campione; S. 140–143: Leisinger, Zürich; S. 146–150: Kinold, München; S. 151: Neubert, München; Gottberg, München; S. 152/153: Gottberg, München; S. 157: Planck, Stuttgart; S. 158/159: Intagfoto, Campione; S. 160/161: Neubert, München; S. 162-165: Intagfoto, Campione; S. 166: Steppe, Landshut